원서발췌

삼봉집

고전 명작을 읽는 가장 쉬운 길,
'지식을만드는지식 원서발췌'

축약, 해설, 리라이팅이 아닙니다. 원전의 핵심 내용을 문장 그대로 가져옵니다. 작품의 오리지낼리티를 가감 없이 느낄 수 있습니다.
두껍고 읽기 어려워 책장을 덮어 버리곤 했던 고전을 발췌합니다. 해당 작품을 연구한 전문가가 작품의 정수를 가려 뽑아냅니다. 핵심만 읽기 때문에 더 빠르게 더 많은 고전을 읽을 수 있습니다. 제외된 부분은 중간중간 친절하게 요약 설명합니다. 풍부한 해설과 주석으로 전체 내용을 파악하는 데 무리가 없습니다. 정확한 번역, 적절한 윤문으로 10대에서 80대까지 누구나 쉽게 읽을 수 있습니다. 콤팩트한 사이즈와 분량이므로 간편하게 휴대할 수 있습니다. 수천 쪽의 고전을 발췌된 내용으로 읽고도 전체 의미를 파악할 수 있는 것이 지식을만드는지식 원서발췌의 매직입니다. 발췌율은 표지에 표시하고 발췌 방법은 일러두기에 상세히 밝힙니다.
고전 독자를 발췌 읽기에서 완역 읽기로, 더 나아가 원전 읽기로 안내합니다. 바쁜 현대인들에게 새로운 고전읽기 방법을 제시합니다.

원서발췌
삼봉집

三峯集

정도전(鄭道傳) 지음
박진훈 옮김

대한민국, 서울, 지만지한국문학, 2025

편집자 일러두기

- 이 책은 1990년 민족문화추진회에서 발간한《영인 · 표점 한국문집총간(韓國文集叢刊)》5권에 수록된《삼봉집(三峯集)》을 대상으로 하여, 좋은 글을 가려 뽑아 우리 글로 옮긴 것입니다.
- 고려 말~조선 초라는 격동기를 살았던 정도전(鄭道傳)의 삶의 모습과 사회 인식을 잘 드러내고 있는 글들과, 그가 구상한 국가체제 · 사회체제가 잘 반영된 글을 대상으로 설정했습니다. 이에 따라 11권과 12권의 〈경제문감별집〉 상 · 하에 수록된 글은 모두 빠졌습니다.
- 선별한 글은 전문을 완역했습니다.
- 《삼봉집》 전체로 보면 원전의 15% 정도를 발췌했습니다.
- 고전의 원뜻에 충실하기 위해 직역을 원칙으로 했습니다. 하지만 의미를 보충하기 위해 일부 의역이나 의미 보완을 했습니다. 또한 어려운 한자어는 되도록 쉽게 풀어 쓰도록 노력했습니다.
- 어려운 한자어나 의미 해석이 필요한 단어는 주석을 달았으며,《삼봉집》에 인용된 글 중 출전의 확인이 가능한 것은 원전의 출전을 표기했습니다.
- 괄호 안의 말과 바깥 말의 독음이 다를 때, 괄호가 중복될 때에는 [ ]를 사용했습니다.
- 이 책은 2009년 9월 15일 한정판 '고전선집' 시리즈로 처음

출간했습니다. 2011년 11월 30일 표지를 바꿔 '천줄읽기' 시리즈로 다시 출간했다가 이번에 '원서발췌' 시리즈로 옮겨 출간합니다.

차례

권2

권3

권4

권1

부(賦)

묵죽부(墨竹賦)

도홍(陶泓 : 벼루)과 관성자(管城子 : 붓)가
하루는 무하씨(無何氏)[1]의 집을 찾아가니,
주인은 거꾸로 신을 신고 나와
돗사리 위 등받이에 맞아들이고서
서로 더불어 고금(古今)에 대해 의논해 확정하며
물품들을 품평하는데,
기염을 토하는 것이 구름과 연기보다 자욱하고
내놓는 말은 쇠로 만든 악기보다 우렁찼도다.
이에 관성자가 도홍에게 손을 모아 예의를 표시하고 일어나
옷을 벗어 나체가 되고 갓도 벗어
머리를 먹물에 적셔
빙빙 돌며 춤을 추듯, 뜀을 뛰는 듯
집의 벽에 뿌려대는데

---

1) 무하씨 : '아무것도 아닌 사람'이란 뜻으로 가공인물을 뜻한다.

갑자기 굽어보다가 갑자기 올려다보며
때로는 갔다가 때로는 돌아오곤 하며
변한 모습이 갖가지로 나타나서
사람의 눈을 놀라게 하네.
앉아 있는 손님들은 모두 돌아보며
허둥지둥 놀랄 겨를조차 없는데
어찌 그 만 가지 중에 하나라도 흉내 낼 수 있겠는가.
자세히 보니 그는 마치 바람처럼 달리는 말과 같이
땅을 건너뛰고 허공으로 치솟으며
번개가 지나가듯, 토끼가 탈출하듯
사라져 흔적조차 없는 것 같도다.
큰 배가 파도를 타는 것처럼
튼튼한 돛 높이 다니
순식간에 백 리라네.
멀어서 아득하고도 아득하니
어찌 그렇게 기이한가?
그 실제 모습을 알 길이 없구나.
심지어는 손을 휘두르며 일어나니 기세가 대단한 것도 같고
요란한 천둥소리 갑자기 나 미처 귀를 가리지 못하는 것 같으니

영(郢) 지방의 사람이 코끝에 묻은 진흙을 없애자고
도끼를 휘둘러 바람을 일으키는 것이 아니겠는가?[2)]
마치 창을 서로 겨누어
그 창끝 엄숙하고 장엄한 듯하니
적에게 나아가는 병사가
내달려 급히 공격하는 것이 아니겠는가?
그렇지 않다면 용이나 뱀이 굽혔다 폈다 하는 것처럼 굼틀거리니
초성(草聖)[3)]의 삼매(三昧)[4)]가
칼춤의 신(神)에게서 얻은 것이 아닌가?
말이 미처 끝나기도 전에
구름과 연기 어둡고 혼미하며

2) 《장자(莊子)》〈서무귀(徐無鬼)〉에 의하면, 초(楚)나라의 서울 영(郢)에 흙을 바르는 사람이 있었는데, 자기 코끝에 흰 흙을 파리의 날개만큼 얇게 바르고 석공에게 이것을 깎아내게 했으며, 석공이 바람 소리 나게 도끼를 휘둘러 흰 흙을 모두 깎아낼 때까지 선 채로 얼굴빛조차 바꾸지 않았다고 한다.

3) 초성 : 초서(草書)의 대가라는 뜻으로, 여기서는 중국 당(唐)나라 때의 서예가 장욱(張旭)을 말한다. 장욱이 붓글씨를 공부하던 중 공손대랑(公孫大娘)의 칼춤을 보고 높은 경지에 이를 수 있었다고 한다.

4) 삼매 : 불교에서 유래된 용어로, 오직 하나의 대상에 정신을 집중해 수행하는 것을 말한다.

바람 소리 쓸쓸하고 서리는 내리는데
곧은 줄기는 비녀를 뽑고
어긋난 뿌리는 옥을 묻으며
벗겨진 대 꺼풀은 길고 길며
흔들리는 이파리 우수수 떨어지는데
의연한 달 아래의 자태요,
어슴푸레한 연기 속의 빛이로구나.
아! 놀랍도다.
이야말로 이른바 묵군(墨君)[5]이 아닌가?
자리에 가득 찬 귀빈들이
서로 돌아보며 크게 웃으니
지난번의 의심이
얼음 녹듯이 환하게 풀렸네.

墨竹賦
陶泓管城子
一日過於無何氏之宅

5) 묵군 : 먹으로 그린 대나무를 말한다. 중국 진(晉)나라의 왕휘지(王徽之)가 대나무에 대해 "어찌 하루라도 이 친구[此君] 없이 살 수 있으랴(何可一無此君邪)"라고 한 뒤, 대나무[竹]를 가리켜 '차군(此君)'이라고 했다. 그러므로 먹으로 그린 대나무를 묵군이라고 했다.

主人倒屣而出
迎之几席
相與商確古今
評題品物
吐氣霏乎雲煙
發言鏗乎金石
於是管城子揖陶泓而作
裸身免冠
以首濡墨
蹁躚跳躍
灑于高堂之壁
乍俯乍仰
或往或復
變態百出
駭人之目
坐客皆顧瞻
錯愕之不暇
尙安得髣髴其萬一也哉
觀其如風馬奔逸
蹶地拏空
電逝兎脫
滅沒無蹤
如巨艦駕浪
健席高張

瞬息百里
超忽渺茫
何其異哉
莫知其狀也
至若揮擢奮迅
如疾雷之不及掩聰
非郢人斲鼻端之泥
運斤而生風者歟
如矛戟相向
森然其鋒
非赴敵之兵
鞫走而急攻者歟
不然蜿蜿如龍蛇屈伸
其草聖之三昧
得於劒舞之有神者歟
言未訖
雲煙冥迷
風霜淅瀝
直榦抽簪
逆根埋玉
解籜披披
戰葉摵摵
猗然月下之姿
蒼然煙中之色

嗚呼嘻噫

玆非所謂墨君者歟

佳賓滿座

相顧大噱

向者之疑

渙然氷釋

오언고시(五言古詩)

뜰 앞의 국화[庭前菊]

뜰 앞에 향기 나는 국화가 있는데
뭇 풀 속에 가려져 있구나.
봄을 만나 각기 아름다움을 다투니
누가 외로운 떨기 다시 생각할까?
어느덧 서리 눈 내리는 가을이라
쓸쓸하고 슬픈 바람이 많아서,
온갖 사물 모두 다 시들고 병들었는데
아름다운 빛 홀로 싱싱하도다.
따려고 하다 따려고 하다 차마 따지 못하고
배회하며 속으로만 느껴보네.
항상 두렵구나, 눈바람이 와
저 뭇 풀과 함께 다시 시들 것 같으니.

庭前菊
庭前有芳菊
掩翳衆草中

當春各爭姸
誰復念孤叢
忽焉霜霰秋
蕭颯多悲風
百物盡凋瘵
佳色獨惹惹
采采不忍摘
徘徊感予裏
常恐風雪至
與彼還相同

병을 앓는 가운데 삼봉의 옛집을 생각하며(病中懷三峯舊居)

아, 나는 오래도록 낫지 않는 병이 있어
항상 더위를 두려워합니다.
더구나 수레와 말의 먼지 속에서
의관을 입고 있는 것은 고통스럽습니다.
숨이 답답하고 콱 막혀 있기 때문에
오월에조차 낫지 않습니다.
그립습니다, 삼봉(三峯)의 구름과,
옛 친구가 그 산마루에 있으면서
나를 위해 거문고를 타며
〈귀거래사(歸去來辭)〉[6] 편으로 끝을 맺는 것이.
맑은 바람 무성한 숲을 뒤흔드니
전해진 음향 어찌 그리 시원하던지.
나의 오랜 여행을 물어보면서
어느 때 돌아올 것이냐고 합니다.
산신령이 굳이 명령하지 않아도

---

6) 〈귀거래사〉 : 중국 동진(東晋)의 시인 도연명(陶淵明)의 작품으로, 관직 생활을 버리고 전원에 은둔하여 생활하는 것을 찬미하는 내용이다.

바위와 골짜기는 나를 기다리며 그대로 우두커니 서 있습니다.

나는 옛 친구의 뜻을 느끼며
거의 눈물이 줄줄 흐릅니다.
임금과 신하 사이의 의리가 너무 소중하므로
병이 들었음에도 오히려 더욱 열심히 일해야 합니다.
대궐 문은 아홉 겹이라 깊고 깊어서
부르짖고자 해도 헛되이 얼마 나가지 못합니다.
삼봉은 아득하니 어느 곳일까요?
보이는 끝은 다만 구름과 연기뿐입니다.

病中懷三峯舊居
嗟我抱沈痾
居常畏炎天
況復車馬塵
衣冠苦拘纏
所以氣煩鬱
五月猶未痊
懷哉三峯雲
故人在其巔
爲我泛瑤琴
亂以歸來篇

清風振林莽
遺響何冷然
問我久行役
何時當來還
山靈未移文
巖壑聊竚延
我感故人意
危涕流潺湲
君臣義甚重
病矣猶勉旃
天門九重深
欲叫空盤桓
三峯渺何處
極目但雲煙

칠언고시(七言古詩)

서적포를 두는 데 대한 시(置書籍鋪詩)

어떠한 사물이 사람의 지혜에 이익이 될까 공손하게 묻는다면,
만약 타고난 좋은 자질이 아니라면 글을 본받아야 한다고 하겠네.
한탄스러운 바는 우리나라에 책이 적어서
열 상자 넘는 책을 읽은 사람이 없다는 점.
늙어버렸기 때문에 비록 보지 못한 글을 얻었더라도
다 읽고 책을 덮으면 곧 잊어버린다네.
맹세컨대 마음속의 염원은 서적포를 두어
후학(後學)에게 널리 혜택을 주어 무궁토록 전하는 것.
그대는 사람의 도리 해치는 오랑캐를 보시오.
그들의 책이 서가에 가득 차고 온 집을 채우고 있다오.
그들이 번영하고 우리가 쇠퇴했다고 어찌 한탄만 하겠소?
이는 우리들의 의지가 강하지 못했기 때문인 것이니.
여러분께 요청하노니, 서적의 비용을 도와주셔서

올바른 도리가 다시 빛나도록 하게 하소서.

置書籍鋪詩

且問何物益人智
若非美質由文章
所恨東方典籍少
讀書無人滿十箱
老來雖得未見書
讀了掩卷便遺忘
誓心願置書籍鋪
廣惠後學垂無疆
君看夷裔害倫理
其書滿架充棟樑
彼盛此衰何足歎
自是吾曹志不强
諸公請助書籍費
致令斯道更輝光

육언절구(六言絶句)

새로운 도읍의 팔경에 대한 시를 올리다
(進新都八景詩)

기전산하(畿甸山河)

기름지고 풍요롭구나, 기전(畿甸)[7]의 천 리.

안팎의 산과 강은 백이(百二)[8]로구나.

임금님의 덕 있는 가르침에 산천의 형세마저 아울러 얻었으니

앞으로 지낼 역사는 천년을 기약하노라.

沃饒畿甸千里
表裏山河百二
德敎得兼形勢

---

7) 기전 : 서울을 중심으로 500리 이내의 지역을 말한다. 기내(畿內)라고도 한다.

8) 백이 : 이(二)는 배(倍)라는 뜻으로, 지형이 매우 험준하여 100배나 되는 적군을 막아낼 수 있다는 의미다.

歷年可卜千紀

도성궁원(都城宮苑)

성은 높아 천 척의 철옹성이고
봉래오색(蓬萊五色)[9]의 구름이 감쌌구나.
해마다 대궐 안 동산에는 꾀꼬리 울고 꽃이 만발하여
해마다 도성 사람들 놀며 즐기노라.

城高鐵甕千尋
雲繞蓬萊五色
年年上苑鶯花
歲歲都人遊樂

9) 봉래오색 : 봉래(蓬萊)는 중국 당나라 대명궁(大明宮)의 본래 이름으로, 우리나라 궁궐을 비유하는 의미로 썼다. 임금이 거처하는 궁궐에는 항상 오색(五色)의 상서로운 기운이 떠 있다고 한다.

열서성공(列署星拱)

뭇 관청들은 우뚝 솟아 서로 마주하니
마치 별이 북두칠성을 껴안고 있는 듯하며,
달 밝은 새벽의 관청 거리 물처럼 고요하니
딸랑거리는 말 구슬 소리에도 티끌 한 점 일지 않는구나.

列署岧嶤相向
有如星拱北辰
月曉官街如水
鳴珂不動纖塵

제방기포(諸坊碁布)

저택들은 구름 위로 우뚝하니 솟아 있고
민간의 집들은 땅에 가득하게 서로 연달아 있네.
아침마다 저녁마다 밥 짓는 연기
이 시대는 찬란하면서도 태평하다네.

第宅凌雲屹立
閭閻撲地相連
朝朝暮暮煙火
一代繁華晏然

동문교장(東門教場)

북소리 둥둥 땅을 흔들고
깃발은 펄럭펄럭 공중에 이어 있네.
만 마리의 말 한 마리처럼 움직이니
달려서 즉시 전장에 나갈 만하구나.

鏜鼓轟轟動地
旌旗旆旆連空
萬馬周旋如一
驅之可以卽戎

서강조박(西江漕泊)

사방의 물품 서강으로 모여들며,

용처럼 머리를 쳐든 커다란 배 만 섬의 곡식 내려놓네.

청하노니 수많은 창고에 가득 차 썩어가는 곡식을 보게나.

정치란 풍족하게 먹고살 수 있게 하는 것에 달려 있다네.

四方輻湊西江
拖以龍驤萬斛
請看紅腐千倉
爲政在於足食

남도행인(南渡行人)

남쪽 나루의 물 거침없이 흘러가는데
나그네들 사방에서 줄지어 오는구나.
늙은 사람 쉬고 젊은 사람 짐을 지고
노래를 읊조려 앞뒤에서 서로 화답하는구나.

南渡之水滔滔
行人四至鑣鑣

老者休少者負
謳歌前後相酬

북교목마(北郊牧馬)

숫돌같이 평평한 저 북녘의 들 바라보니
봄이 와서 풀은 무성하고 물맛은 달구나.
만 마리 말 구름처럼 모여 까치처럼 날뛰는데
말 기르는 사람은 서쪽 남쪽 뜻대로 모는구나.

瞻彼北郊如砥
春來草茂泉甘
萬馬雲屯鵲厲
牧人隨意西南

권2

칠언절구(七言絕句)

단옷날의 감회[端午日有感]

시골의 농사짓는 늙은이들 술을 자주 권하면서
오늘이 바로 좋은 날이라고 이른다네.
쓰러질 때까지 취해 띠로 만든 집 처마 아래 누웠으니,
홀로 깨어 시를 읊조리고 있는 못가에 사는 사람[10]에게 또다시 부끄럽구나.

端午日有感
野父田翁勸酒頻
謂言今日是良辰
頹然醉臥茅簷下
還愧醒吟澤畔人

---

10) 홀로 깨어 시를 읊조리고 있는 못가에 사는 사람 : 중국 전국시대 초나라의 시인 굴원(屈原, BC 343?~BC 277?)을 말한다. 모함을 받아 양자강 이남의 소택지(沼澤地)로 추방되었는데, 그의 대표작 〈어부사(漁父辭)〉에서 "못가에서 시를 읊조리고 다니는데… 온 세상이 모두 다 혼탁한데 나 홀로 깨끗하며, 모든 사람이 다 취해 있는데 나 홀로 깨어 있다"고 했다.

한식(寒食)

나그네 길가는 중에 한식 청명(淸明)[11]을 보내니
한 번은 이슬비라면 한 번은 바람이구나.
옛 동산의 꽃다운 풀은 이제 푸르기 시작할 터인데
만 리(萬里)나 멀리 있는 사람 요동(遼東)에서 배회하고 있구나.

寒食
寒食淸明客路中
一番煙雨一番風
故園芳草應初綠
萬里人廻遼海東

---

11) 청명 : 24절기 중 하나로, 이날부터 날씨가 화창해지기 때문에 청명이라고 한다. 보통 한식과 같은 날이거나 하루 전날이다.

오언율시(五言律詩)

촌거즉사(村居即事)

띠로 지붕 인 몇 칸의 집이
그윽하고 외져서 티끌조차 없다네.
낮이 기니 글 보는 것이 게을러지고
바람 맑으니 자주 두건 벗어 이마를 드러낸다네.
푸른 산은 언제나 문에 들어와 있고
밝은 달은 밤이면 이웃이 된다네.
우연히 이곳에서 번뇌를 잊었음이지
본디 세상 사람 피하려 한 것은 아니었다오.

村居即事
茅茨數間屋
幽絶自無塵
晝永看書懶
風淸岸幘頻
靑山時入戶
明月夜爲鄰
偶此息煩慮

原非避世人

산중(山中)

산중에서 병들었다 일어나니
어린아이가 얼굴이 수척해졌다고 하네.
밭농사 배워 몸소 약초 가꾸고
집 옮겨 와 손수 소나무를 심었다네.
저물녘 종소리 나는 저 절은 어디에 있는가?
들불은 숲 너머 방앗간에서 나는 것.
숨어 사는 맛을 알게 되어서
여러 해 동안 온갖 일에 게으름 피운다오.

山中
山中新病起
稺子道衰容
學圃親鋤藥
移家手種松
暮鐘何處寺
野火隔林舂
領得幽居味

年來萬事慵

산중(山中) 두 번째

퇴락한 나의 터전은 삼봉 아래라,
돌아오니 소나무 계수나무에 가을 깃들었도다.
집안의 가난함 병 고치는 것 방해하지만
마음의 고요함 근심 잊게 하는구나.
대나무 지키려고 길 멀리 돌려서 내고
산이 사랑스러워 작은 정자 만들었도다.
이웃 절의 스님 찾아와 글자 물으니
해가 다 지도록 머물러 있게 했다네.

山中
弊業三峯下
歸來松桂秋
家貧妨養疾
心靜足忘憂
護竹開迂徑
憐山起小樓
鄰僧來問字

盡日爲相留

가을장마[秋霖]

가을장마에 사람 절로 끊어지니
사립문 일찍 열지 않았도다.
울타리엔 붉은 잎 쌓이고
뜰 안에는 푸른 이끼 자랐구나.
새들도 추워 서로 맞대어 자고
기러기도 멀리 날아오느라 젖었구나.
적막하고 슬프구나, 나의 길[吾道[12]]이여
오로지 술에 빠져 지낼 뿐이로다.

秋霖
秋霖人自絶
柴戶不曾開

---

12) 오도 : 유학자들은 유교를 '우리의 도'라는 의미로 오도(吾道)라고 한다. 그런데 그럴 경우 다음 구절의 "오로지 술에 빠져 지낼 뿐이로다"가 해석되지 않는다. "적막하고 슬프다"는 앞 구절로 볼 때, 당시 귀양 갔다 고향으로 돌아온 정도전의 집에 찾아오는 사람이 없으므로, 이러한 상황을 비유한 것이 아닐까 생각된다.

籬落堆紅葉
庭除長綠苔
鳥寒相並宿
鴈濕遠飛來
寂寞悲吾道
唯應泥酒杯

집을 옮김[移家]

5년 동안 세 번이나 집을 옮겼는데
금년에 또 거처를 옮기게 되었네.
들은 넓고 둥근데 띳집은 자그맣고
산은 길게 연결되어 있으나 큰 나무 성글구나.
밭을 가는 사람과 서로 성씨 물어보며 인사하건만
오랜 벗은 편지조차 끊어버렸네.
하늘과 땅이 능히 나를 받아들이니
바람 부는 대로 맡겨두리라.

移家
五年三卜宅
今歲又移居

野濶團茅小
山長古木疎
耕人相問姓
故友絶來書
天地能容我
飄飄任所如

악장(樂章)

문덕곡(文德曲)

전하께서 비로소 즉위하시자 통치의 기틀을 세우고 법률을 포고하시어 백성들과 더불어 고쳐 다시 시작하시니, 칭송할 만한 것이 많았다. 그중 중요한 것을 들어보면 언로(言路)를 열고, 공신들을 편안하게 하며, 토지의 경계를 바로잡고, 예악(禮樂)을 정했다. 그 가사는 다음과 같다.

대궐에 엄숙함이 있고 아홉 겹으로 깊은데
하루에 온갖 중요한 정치적 일들이 무더기로 쌓이는구나.
임금으로서 가장 중요한 일은 민심(民心)과 통해야 하는 것이므로
언로를 크게 열어 사방 끝까지 귀 기울이신다네.
언로를 연 것은 신이 본 바이오니,
우리 임금님의 덕망은 순(舜)임금과 같으시다네.

성인(聖人)이 하늘의 명령을 받아 용을 타고 나니

많은 선비들이 앞다퉈 일어나 구름처럼 좇는구나.

지혜를 합하고 힘을 다하여 그 공로를 이루었으니

처음부터 끝까지 보좌하기를 산하(山河)에 대고 맹세했다네.

공신들을 보호한 것은 신이 본 바이오니,

우리 임금님의 덕망은 끝없이 드리울 것이라네.

토지의 경계가 무너졌으나 오래도록 고치지 못하여

강한 자는 겸병하고 약한 자는 빼앗겨 서로 극도로 미워했는데

우리 임금 바로잡은 지 겨우 1년 만에

창고는 가득 차 부유해지고 백성들은 휴식한다네.

경계를 바로잡은 것은 신이 본 바이오니,

임금님의 즐거움 어찌 천년을 누리지 않으리오.

정치를 하는 데 가장 중요한 것은 예악(禮樂)에 있으니

가까이는 가정으로부터 나라에 이르게 된다네.

우리 임금님께서 이를 제정하여 규범을 내리셨으니

질서는 차례대로 정연하게 되어 즐겁게 화평해졌다네.

예악을 정한 것은 신이 본 바이오니

공로 이루어지고 정치 안정되어 무극(無極)[13]에 필적

하리로다.

文德曲

法宮有儼深九重
一日萬機紛其叢
君王要得民情通
大開言路達四聰
開言路臣所見
我后之德與舜同

聖人受命乘飛龍
多士競起如雲從
協謀效力成厥功
誓以山河保始終
保功臣臣所見
我后之德垂無窮

經界毁矣久不修
强幷弱削相烋烋
我后正之期甫周
倉廩充富民息休

13) 무극 : 영원히 끝나지 않는다는 의미다.

正經界臣所見
烝哉樂豈享千秋

爲政之要在禮樂
近自閨門達邦國
我后定之垂典則
秩然以序和以懌
定禮樂臣所見
功成治定配無極

권3

전(箋)

조선경국전(朝鮮經國典)을 지어 올리는 전(箋)

분의좌명개국공신 보국숭록대부 판삼사사 동판도평의사사사 겸 판상서사사 수문전대학사 지경연예문춘추관사 판의흥삼군부사 세자이사 봉화백인 신(臣) 정도전(鄭道傳)이 말씀드립니다. 삼가 도승지인 신(臣) 한상경(韓尙敬)이 저를 위해서 임금님께 아뢴 것을 받들었는데, 제가 저술한 〈조선경국전〉을 바치라는 것이므로 교서를 받들고 바칩니다. 비기를 잡고 도참을 받아 비로소 크고 아름다운[鴻休][14] 운수를 열었으니, 통치의 법률을 세우고 사회 기강을 밝혀 자손을 도와주는 계책을 전해야 하므로, 중국 주(周)나라 육관(六官)[15]의 명칭을 본떠 조선 일대의 법전을 만듭니다.

삼가 생각하건대 주상 전하께서는 하늘의 덕망을 본받

14) 홍휴 : 개국(開國), 즉 조선왕조의 창업을 말한다.

15) 육관 : 하늘과 땅, 봄, 여름, 가을, 겨울을 상징하여 천관(天官), 지관(地官), 춘관(春官), 하관(夏官), 추관(秋官), 동관(冬官)을 두었다.

으시고 왕위를 어짊[仁]으로써 보전하셨습니다. 국호를 정해 민심을 안정시키고 세자를 세워 나라의 근본을 두텁게 하셨습니다. 왕실의 혈통으로써 쌓이고 쌓인 경사를 드러내시고 교서(敎書)로써 관대한 은혜를 반포하셨습니다. 다스리는 방법은 상신(相臣)[16]에게 책임 지워 이루어지게 하고 세금은 실지로 공적인 용도에 쓰였습니다. 예악을 제정해 신령과 인간을 화합하게 하셨으며, 강무(講武)를 하고 병장기를 수선해 나라를 바로잡으셨습니다. 형법으로써 간사한 자를 꾸짖고 난폭한 자를 엄금하셨으며, 공업은 법도에 맞게 한정하고 세금을 매겼으니, 이에서 가히 나라를 창업해 자손에게 계승하는 어려움을 볼 수 있습니다. 이루어진 업적을 영원히 지키고 수성(守成)할 수 있게 해야 할 것입니다. 마땅히 서적에 적어 이름난 산에 간직해야 합니다.

신이 어리석고 졸렬한데도 전하의 총애를 받았으니, 장차 책을 저술하는 하찮은 재주를 가지고 오늘이 있게 해 주신 지극한 은혜에 보답하려고 합니다. 그러나 성대한 덕망과 위대한 공로를 진실로 모두 서술하기 어려워 중심

16) 상신 : 재상(宰相) 또는 영의정, 좌의정, 우의정을 합쳐서 일컫는 말이다.

내용[大綱]과 작은 실마리[小紀]만을 모두 펼쳐놓았습니다. 그리하여 〈조선경국전〉을 삼가 깨끗이 옮겨 적어 전(箋)과 함께 바치오니, 엎드려 바라옵건대 성스럽고 자애로운 임금님께서는 혹시 한가한 시간이 있으시면 이때 보아주시기 바랍니다. 비록 임금님의 빛나는 학문에는 도움이 되지 않겠지만, 국정을 운영하는 데에 조금 참고할 점은 있을 것입니다. 신은 지극한 절실함과 두려움을 감당할 수 없어, 머리를 조아리고 또 조아리며 삼가 말씀드립니다.

서(書)

나주(羅州)의 동쪽 누각에 올라 노인들에게 드리는 글

나 정도전은 말로써 재상을 거슬러 회진현(會津縣)[17]으로 쫓겨 왔다. 회진현은 나주의 속현(屬縣)으로 길이 나주를 지나가므로, 동쪽 누각에 올라 천천히 사방을 조망했는데, 산천이 뛰어나고 사람들이 많이 사는 것이 또한 남쪽 지방의 하나의 큰 고을이었다.

나주가 주(州)가 된 것은 고려 초부터였다. 또한 공로가 있었으니, 우리 태조(왕건)께서 삼한(후삼국)을 통일할 때 군국(郡國)[18]이 차례차례 평정되었는데 오직 당시 백제(후백제)만이 험난하고 멀리 떨어져 있는 것과 사람과 말이 강하고 양곡이 풍부한 것을 믿고 귀순하지 않았는데, 나주 사람들이 이치에 어긋난 것과 순리에 맞는 것을

17) 회진현 : 원래 백제의 두힐현(豆肸縣)이었는데, 신라 경덕왕 때 회진현으로 고쳐 나주목에 소속시켰다. 고려에서도 그대로 나주목의 속현(屬縣)으로 존재했다. 지금의 전라남도 나주시 다시면(多侍面) 일대다.

18) 군국 : 후삼국 시기 각 지역의 지배자로, 호족들을 의미한다.

밝게 인식하고 솔선하여 들어와 복속했다. 태조께서 백제를 취하는 데 나주 사람들의 힘이 컸으므로 몸소 이 고을에 행차하시어 목(牧)으로 승격시키고 남쪽 여러 고을을 다스리게 했으니 포상하기 위한 것이었다. 당시 혜종은 몸소 갑옷을 입고 투구를 쓰고 전후좌우에서 도와 공로가 여러 아들 중에서 가장 많았으므로, 대업이 이루어지자 왕위를 계승해 백성과 나라를 보존하고 소유하게 되었다. 창업을 도운 일이 있고 지킨 공로가 있으므로 종묘(宗廟)의 제사에서 영원히 옮기지 않는 존재가 되었으니, 이에 그를 사모하는 옛 고을의 사당에 모셔지게 된 것이다[혜종의 사당이 흥룡사(興龍寺)에 있어 나주 사람들이 제사 지냈다].

현종이 남쪽으로 행차해 이곳에 이르러 드디어 나라를 부흥시킨 공로를 이루게 되었으므로, 나주에 팔관례(八關禮)를 내렸는데 서울의 것과 비견될 만했다.

아, 나 정도전이 두 번 예부랑(禮部郎)이 되어서 모두 태상(太常)의 직책을 겸해 종묘와 조회의 일을 담당했는데, 지금 뜻하지 않은 죄를 범해 남쪽으로 쫓겨 왔다. 서울과 멀리 떨어졌으니 비록 눈으로 종묘를 한 번 보려고 지위 낮은 심부름꾼의 말석에라도 참여하려고 해도 할 수 있겠는가? 그러나 나의 마음은 일찍이 잊은 적이 없었다.

지금 천 리 밖 고을에 있으면서 옛 임금님의 위대한 공로와 덕망을 얻어듣고 누각에 올라 바라보니 산천은 예전과 다름이 없다. 당시 수많은 군대와 기병들이 그 사이에 주둔하고 있었을 것을 상상해 보고 또 사당의 모습이 찬란하게 빛나는 것을 보니, 외로운 신하의 애타는 마음에 위로가 된다. 얼마나 다행스러운 일인가.

아, 나주 사람들이 자신의 밭을 갈고 자신의 집에 거주하며 편안한 삶을 이루고 즐거이 생업을 이룬 지가 이제까지 500년이니, 어찌 조세를 감면하여 넉넉한 삶을 살도록 한 옛 임금님의 은혜가 아니겠는가? 또한 노인들도 아는 바일 것이다.

그러나 이 고을은 바닷가에 접해 있고 아주 변두리여서 매우 멀다. 그러므로 우환거리는 왜구(倭寇)만 한 것이 없다. 바다에 접한 고을들이 혹은 포로가 되거나 혹은 고향을 떠나느라 시끌벅적하여 사람이 없으므로, 토지를 지킬 수 없고 세금을 낼 수 없다. 호적대장에 기재되어 있는 곳, 백성이 쉴 수 있는 곳, 재물과 세금이 나오는 곳이 모두 초목이 번성하는 곳, 여우나 토끼가 구덩이를 파는 곳으로 버려지고, 그곳 사람들은 흩어져 유랑하다가 사망하는 것을 누구도 구제하지 못하는 것은 왜구 때문이다.

그런데 나주는 그 속에 속해 있으면서도 평소처럼 번

성하여 뽕나무와 삼[麻]이 풍부하고, 벼가 들을 덮고 있으며, 그곳의 백성들은 낮에는 일하고 밤에는 쉬며, 기뻐하고 화목하며 그 즐거움을 즐기니, 나그네(정도전)는 누각에 올라 산천과 들판을 바라보며 유람의 즐거움을 한껏 가지며, 사람이 번성하고 물자가 풍부한 것을 보고 임금님의 성덕(盛德)을 우러르며 후세에까지 끼친 교화를 노래하니 여행의 괴로움도 알지 못하겠고, 귀양살이라는 느낌도 들지 않는다.

이 고을이 부서져 유랑하는 사방의 이웃 고을들 가운데, 극심한 도적들의 침략 안에 있으면서도 편안하게 홀로 온전한 것은, 마치 만 길의 둑이 범람해 부딪치는 물을 막아, 비록 달려와 쓸어버리고 쏜살같이 부딪쳐 그 성난 기세가 극히 대단해도 방파제가 되어 태연한 것과 같으니, 백성들이 믿어 두려움이 없는 것이 어찌 옛 임금님의 덕망이 사람들에게 들어간 것이 깊어서가 아니며, 다른 고을의 백성들처럼 일정한 생계 수단[恒産]이 없어서 일정한 마음[恒心]이 없는 것에 비교할 바가 아니며, 수령이 적임자여서 능히 임금님의 어진 뜻을 베풀어 민심을 단결시키고 흩어지지 않게 한 것이 아니랴? 또한 노인들이 정성스럽게 가르쳐 백성들이 의리로 향할 줄 알아서였을 것이다. 아! 가히 아름다운 일이라고 하겠다.

그러나 근래 왜구들이 더욱 날뛰어 그 세력이 날로 커지고 수그러들지 않으니, 노인들은 이전의 무사했던 것에 빠지지 말고, 자제들을 격려하여 무기를 수선하게 하고 봉화에 주의를 기울여 고을들을 보호해 국가에서 남쪽 지방을 걱정하지 않게 해야 한다. 나 정도전은 비록 죄를 진 것이 매우 무겁지만, 지금부터 죽는 날에 이를 때까지 편안히 쉬고 느긋하게 식사할 수 있게 되었으니 나주 사람들이 준 은혜가 이미 많지 않은가?

서(序)

과거 시험 보러 가는 조생(趙生)[19]을 전송하는 서

삼가 생각하건대, 국가가 과거제도를 설치해 선비를 뽑는 것은 참다운 선비를 얻어 더할 나위 없이 훌륭한 정치를 이룩하는 것을 기대해서이므로, 그 구하는 것에 매우 힘쓰고 바라는 바가 매우 중한데, 과연 능히 빼어나고 특출해서 국가가 구하고 바라는 뜻을 저버리지 않을 자는 누구인가?

이따금 정부에서 국가를 경영하고 백성을 구제하며 천 리 밖에서 쳐들어온 적을 물리쳐 국가와 백성이 의지하는 바가 되는 사람이 모두 과거를 통해 배출된 것은 아니지만, 저 선비라고 불리는 자들은 해진 관(冠)에 낡은 옷을 입고 조심조심 머리를 내밀었다가 움츠렸다가 관망만 하다가 간신히 자신의 몸만을 보전하기를 도모하는 데 그치며, 비록 하찮은 일이나 글 짓는 일 사이에 있으면서 오히

19) 조생 : 조박(趙璞, 1356~1408)을 말한다. 조박은 고려 말에서 조선 초까지 살았던 관료로, 조선 건국에 참여하여 개국공신에 봉해졌다.

려 자신의 의견을 말하지도 못하는데, 하물며 두려워하지 않고 용기를 내어 굳세고 용감하게 조정에 서서 정치에 있어서의 큰일이나 작은 일들을 처리하는 것을 바랄 수 있겠는가? 부끄러움이 없는 자는 말을 꾸미고 하찮은 재주를 부리며, 이익을 위해 뛰어다니다가 이익과 녹봉을 가로채며, 또 평상시에는 고상한 말이나 거리가 먼 이야기나 하면서 이르지 못하는 바가 없다가, 막상 일을 맡기면 아득하여 할 바를 모르는 자가 대부분이다.

이제 현명한 임금님과 어진 신하가 서로 만나서 이 폐단을 개혁하기를 생각하여, 그중 더욱 나쁜 자는 내쫓고 과거제도까지 고쳐, 전국에 교서를 내려 어진 자와 능력 있는 자를 선발하게 되자 조생이 하루아침에 기꺼이 일어나 과거 시험에 참가하기 위해 나갔으니, 그의 뜻이 어찌 한갓 부귀만을 얻고 말 따름이겠는가? 아마 장차 그가 배운 바를 행할 것이리라.

조생은 능히 국가의 뜻을 체득하여 이전의 잘못을 답습하지 말고 선비의 효용성이 세상에 명백하게 드러나게 하라. 그러면 나 정도전은 살아서는 태평성대의 백성이 될 것이요, 죽어서는 태평한 시대의 귀신이 될 것이니, 비록 남쪽 변방에서 못쓰게 된 채 죽더라도 한이 없을 것이다. 조생은 노력할지어다.

권4

기(記)

석정기(石亭記)

신창보(申昌父) 공은 지조가 특출한 사람으로, 그가 지키는 바는 매우 굳세고 확실해 빼앗을 수 없었다. 일찍이 조정에서 벼슬을 하여 높은 관직에 올랐는데, 끝내는 강직하고 굴복하지 않았으므로 권력자에게 밉보여 곧 그만두고 시골집으로 돌아왔다.

성품이 돌을 사랑하여 밖에 나갔다가 조금만 이상한 돌을 보면 번번이 집으로 가져왔는데, 큰 것은 수레에 실어 왔고, 그보다 좀 작은 것은 말에 실어 왔으며, 또 그보다 작은 것은 종으로 하여금 등에 지거나 겨드랑이에 끼도록 하여, 무릇 힘으로 가능한 것은 모두 가지고 오고 버린 것이 없었다. 네모난 것, 뾰족한 것, 넓은 것, 길쭉한 것이 줄지어 놓여 있고 사방에 섞여 있는데, 단아하고 장중하고 확실하며 깨끗하고 수려하며 훌륭하고 뛰어난 것이 군자의 덕이 있는 모습 같은 것도 있고, 매우 기이하고 괴이하여 산과 수풀이나 연기와 노을 속의 선비와 같은 것도 있고, 기탄없이 바른말 하며 공경스러운 태도를 가지는 것이

충신이 안색을 바로하고 조정에서 벼슬하며 이해득실을 추궁하고 있는 것과 같은 것도 있다. 그 외에도 돌로 된 산과 계곡이 돌출되고 곤두선 것이 호랑이나 표범이 낚아채는 듯한 것, 뛰고 오르고 넘어지는 듯하여 양 떼가 장난하며 부딪치는 것 같은 것, 자질구레하게 아주 작고 머리가 엇갈리고 꼬리가 붙어서 물고기들이 무리를 이룬 것 같은 것이 있는데, 이러한 종류들은 모두 다 기록할 수가 없다.

공은 이런 것들을 모아놓고 그 정자를 석정(石亭)이라고 하여 날마다 그 사이에서 살았다. 여름 바람이 시원하게 불어오고 가을 달이 맑게 빛나며, 화초가 더욱 예쁘며 서리와 눈이 더욱 찬 것은 모두 돌이 도와서였다. 그러나 사람들은 단지 공이 돌을 즐기는 것만을 알고 돌을 좋아하게 된 이유는 알지 못했다. ≪주역(周易)≫에서 이르기를 "절개와 지조가 돌보다 굳세니, 하루가 지나지도 않았는데 곧고도 길하도다"[20]라고 했으니, 공의 지키는 바가 굳세고 확실하여 빼앗을 수 없는 것과 권세(權勢)에 굴복하지 않는 것은 그 절조가 돌보다 굳기 때문일까? 바로 물러나 시골집으로 돌아간 것은 그 하루도 지나지 않는 것[不終日][21]일까? 도(道)로서 스스로 즐기어 뜻밖의 헤아릴 수

20) 《주역》 〈뇌지예괘(雷地豫卦)〉에 있는 구절이다.

없는 재난이 없으니 그것은 곧고도 길한 것인가? 아마도 공의 즐거움이 여기서 나온 것일 것이다. 이것은 기록할 만한 것이다.

소재동기(消災洞記)

정도전이 소재동 황연(黃延)의 집에서 더부살이를 했으니, 그 동네는 바로 나주(羅州)에 속한 부곡(部曲)인 거평(居平) 땅이었다. 절이 있어 소재(消災)라고 했으니, 절 이름으로써 동네 이름을 삼은 것이다. 동네를 빙 둘러 모두 산인데, 그 북동쪽은 겹겹의 산과 봉우리들의 형세가 서로 이어졌으며, 서남쪽은 여러 봉우리들이 낮고 작아서 멀리 바라볼 수 있었다. 또 그 남쪽은 들판이 평탄하고 넓으며 숲 속에서 밥 짓는 연기가 나며 띠로 지붕을 인 집 10여 호가 있으니, 이것이 회진현(會津縣)이다.

이곳의 이름난 산수(山水)로서, 금성산(錦城山)은 단아하고 장중하며 기이하고 아름답게 동북쪽에 웅거해 나

21) 하루도 지나지 않는 것[不終日] : 비정상적인 나쁜 일은 오래가지 않고 바로 해결된다는 의미다.

주의 진산(鎭山)이며, 월출산(月出山)은 청아하고 수려하며 높이 솟아 동남쪽을 막고 있으니 영암군(靈巖郡)의 경계다. 금강(錦江)[22]은 나주의 동남쪽으로부터 흘러 회진현을 지나 남서쪽에서 바다로 들어가는데, 동네에서 바다까지의 거리가 수십 리다. 그 산의 안개와 바다의 안 좋은 기운이 사람의 피부에 침투하면 아무 때나 병이 나지만, 아침과 저녁, 낮과 밤에 기상이 천만 가지로 변화하니 또한 가히 즐길 만하다.

동네에는 기이한 초목이 없고 오직 누런 띠와 긴 대나무만이 소나무 · 녹나무 사이에 있으며, 인가의 문과 울타리는 이따금 대나무를 나무 대신으로 썼는데 그 맑고 깨끗하며 시원한 모습이 먼 데서 온 사람으로 하여금 또한 즐겁고 편안하게 한다. 살고 있는 사람들은 순박하고 허영심이 없으며, 힘써 농사짓는 것을 업으로 삼았는데 황연이 더욱 그러했다. 집에서 술을 잘 빚었고 황연은 또 술 마시기를 즐겼는데, 매번 술이 익으면 반드시 나에게 먼저 대접했다. 손님이 오면 술을 내놓지 않은 적이 없었는데, 시간이 지날수록 더욱 공손했다. 김성길(金成吉)이란 자가

---

22) 금강 : 영산강(榮山江)을 말한다. 나주의 통일신라 때 이름이 금성(錦城) 또는 금산(錦山)이기 때문에, 영산강을 금강 또는 금천(錦川)이라고 불렀다.

있어 약간 글자를 알았으며 그 아우 천(天)도 담소를 잘했는데, 또한 모두 술을 잘 마셨으며 형제가 함께 살았다. 서안길(徐安吉)이란 자가 있어 늙어 중이 되어 안심(安心)이라 했는데, 코가 높고 얼굴이 길고 용모와 행동이 기괴했으며 사투리나 속된 이야기, 마을의 일을 기억하지 못하는 것이 없었다. 김천부(金千富)란 자, 조송(曺松)이란 자가 있는데, 그들의 술 마시는 것이 또한 김성길이나 황연과 같은 부류였다. 날마다 나를 찾아와 놀고 매번 때마다 토산물을 얻게 되면 반드시 술과 마실 것을 가지고 와서 한껏 즐기다가 돌아갔다.

나는 겨울에 가죽옷 한 벌, 여름에 갈옷 한 벌로 일찍 자고 느지막하게 일어나며 기거함에 구애됨이 없었고 음식도 마음대로 했다. 두세 명의 학자와 강론하는 틈틈이 계곡의 시냇물을 따라 바위 골짜기를 오르내리는데, 피로하면 쉬고 흥이 나면 걷고, 아름다운 곳을 만나면 노닐며 살펴보고 휘파람을 불고 시를 읊느라 돌아가는 것을 잊었다. 또는 농사꾼이나 시골 노인을 만나 나뭇조각을 나누어 앉고서 옛 친구처럼 서로 위로했다. 하루는 뒷산 등성이에 올라 바라보았는데, 그 서쪽 편이 조금 평편하고 아래쪽으로 넓은 들에 접해 있는 것이 좋아 드디어 종에게 말라죽은 나무들을 베어버리게 하고 두 칸짜리 집을 지었다. 띠를 가지런히 자르지도 않고 나무를 다듬지도 않은 채 흙을 쌓아 계단을 만들고 갈대를 엮어 울타리를 만들었으므로 일이 간단하고 힘이 적게 들었는데도 동네 사람들이 모두 와서 도와주어 며칠이 못 되어 완성했다. 현판을 '초사(草舍 : 풀집)'라 하고 거주했다.

아, 두자미(杜子美)[23]는 성도(成都)에 있을 때에 초당(草堂)을 짓고 거주하여 겨우 한 해를 지냈을 뿐인데 초당의 이름은 천년을 전해오고 있다. 내가 초사에 얼마 동안이나 거처할 것인지, 내가 간 후에 초사가 비바람에 휘둘려 무너지고 말 것인지, 들불에 불타거나 썩어 흙이 될 것인지, 또는 후세에 알려질 것인지 아닌지 모두 알지 못하겠다. 단 내가 언행이 거칠고 너무 고지식해 세상의 버림을 받아 추방되어 멀리 귀양 와 있는데도 동네 사람들이 나를 이처럼 후하게 대하니, 어찌 그 궁한 것을 불쌍하게 여겨 거두어주는 것일까? 또는 먼 지방에서 자랐기 때문에 세상의 의논을 듣지 못하여 나한테 죄가 있다는 것을 알지 못한 것일까? 아무튼 모두 후대하는 것이 지극했으므로, 내가 한편으로 부끄럽고 한편으로 감동하여 그 내용

---

23) 두자미 : 중국 당나라의 시인 두보(杜甫, 712~770)를 말한다. 자미(子美)는 그의 자다. 759년 관직을 버리고 촉(蜀)에 들어가, 성도(成都)의 교외 완화계(浣花溪) 부근에 초당을 마련하고 살았다.

을 처음부터 끝까지 기록하여 나의 뜻을 밝힌다.

군자정기(君子亭記)

우리 무리 중에 높은 벼슬에 오른 자가 있다. 그는 풍채가 훌륭하고 빼어나 다른 사람보다 뛰어나고 지조가 높고 탁월하여 군자다운 사람이었다. 하루는 새 정자를 소나무 밑에 만들고 여러 사람들을 초대하여 술을 대접했는데, 나에게 정자의 이름을 지어달라고 하므로 내가 소나무를 가리켜 말하기를 "저 소나무의 푸른 구레나룻과 구부려 공경하는 형태가 군자의 덕망 있는 모습입니다. 한겨울 매서운 추위 속에 바람에 휘날리고 눈에 상하여 여러 초목이 꺾여도 우뚝 솟아 있다 나중에 시들며, 한여름의 무더위에 돌이 녹고 쇠가 녹아내려 살아 있는 만물이 쇠약해지고 시들어도 울창하여 변하지 않으니, 이는 군자가 자신의 절개를 굳게 지켜 가난과 비천함에도 변하는 바가 없으며 권위와 무력에도 굽히는 바가 없는 것과 같습니다. 그러므로 청컨대 이 정자의 이름을 군자(君子)라고 하는 것이 어떠하겠습니까? 대개 옛사람들이 초목을 사랑할 때 각기 자신의 성품과 가까운 바로써 했으니, 영균(靈均)[24]은 불의에 의분을 느껴 개탄하는 선비였으므로 난초의 향기롭고 고결한 것을 취했으며, 정절(靖節)[25]은 조용히 은거하는 선비였으므로 국화의 숨고 도망치는 것을 취했습니다. 이로써 공의 사랑하는 바를 보건대 그 속에 존재하는 바를 알만 합니다. 또한 이 정자에 오른 사람들 중에는 정말로 뜻이 커서 작은 일에 구애되지 않고, 구차하게 현재의 세상에 영합하지 않으며, 확실하게 자기 자신을 고집하면서 흘러가는 세속의 변화상을 받아들이지 않는 사람이 있을 것이니, 그렇다면 이 정자의 즐거움을 어찌 그대 혼자만의 소유로 할 수 있겠습니까? 마땅히 여러 사람들과 공유하십시오"라고 하니, 여러 사람이 "옳다"라고 했다. 이에 이 글을 쓴다.

경복궁(景福宮)

신(정도전)이 살펴보건대, 궁궐이란 임금이 국정(國

---

24) 영균 : 중국 전국시대 초나라의 시인인 굴원을 말한다. 영균은 본인 스스로 지은 자다. 굴원의 원래 이름은 굴평(屈平)이다.

25) 정절 : 중국 동진(東晋)의 시인 도잠(陶潛, 365~427)의 시호다. 흔히 그의 자를 붙여 도연명(陶淵明)으로 불리고 있다.

政)을 결정하는 곳이요, 사방이 우러러보는 곳이며, 신하와 백성들이 모두 오는 곳입니다. 그러므로 그 제도를 장엄하게 해서 존귀함과 위엄을 보이며, 그 명칭을 아름답게 지어 보는 사람으로 하여금 감동하게 해야 합니다. 한(漢)나라와 당(唐)나라 이후로 궁전의 호칭을 혹은 전에 있던 이름을 따르기도 하고 혹은 고쳐서 썼으나, 존귀함과 위엄을 보이고 보는 사람에게 감동을 일으키게 한 것에는 그 의미가 같습니다.

전하께서 즉위하신 지 3년째의 해에 한양(漢陽)에 도읍을 정하시어, 먼저 종묘를 건립하시고 이어 궁실(宮室)을 만드셨습니다. 다음 해 10월 을미일에 몸소 곤룡포와 면류관을 갖추시고 새로운 종묘에서 선왕(先王)과 선후(先后)들에게 제사 지내시고, 새 궁전에서 여러 신하들에게 연회를 베푸셨으니, 대체로 신(神)의 은총을 넓히고 앞으로의 복을 빌기 위한 것이었습니다.

술이 세 순배가 돈 후 신 정도전에게 명령하기를 "이제 도읍을 정하여 종묘에 제사 지내고 새로운 궁궐이 완성되어 여러 신하들과 이곳에서 연회를 베풀고 있으니, 그대는 마땅히 궁전의 이름을 지어 국가와 함께 영원히 빛나도록 하라"고 하셨습니다.

신이 명령을 받고 삼가 손을 모아 이마를 바닥에 대고

절하고, 〈주아(周雅)〉[26]에 나오는 "술에 의해 이미 취하고 은덕에 의해 이미 배불렀으니, 우리 임금 만년토록 당신께서 큰 복[景福] 받기를 돕겠습니다"[27]라는 구절로써 새로운 궁궐을 경복(景福)이라고 이름 짓자고 청했습니다. 그러므로 전하 및 자손들께서 만년 동안의 태평성대의 왕업을 누리시며 사방의 신하와 백성들이 또한 영원토록 보고 감동하는 바가 있음을 볼 수 있을 것입니다.

그러나 《춘추(春秋)》에서 백성들이 힘쓰는 것을 중대하게 여기고 토목공사를 경계하고 있으니, 어찌 임금이 된 사람으로 하여금 단지 백성들만을 부려 스스로를 받들게 하겠습니까? 넓은 집에 편안하게 거주할 때는 추위에 떠는 선비 덮어줄 것을 생각하고, 서늘한 전각에 살면 시원한 그늘을 나누어줄 것을 생각해야만 합니다. 그런 다음에야 만민이 받드는 것에 대해 저버림이 없을 것입니다. 그러므로 이를 아울러 언급합니다.

---

26) 주아 : 《시경(詩經)》의 〈대아(大雅)〉와 〈소아(小雅)〉를 말한다. 〈대아〉와 〈소아〉는 모두 주(周)나라의 음악을 가리키므로, 이를 주아라고 했다.

27) 이 구절은 《시경》 〈대아〉 '기취(既醉)'에서 인용했다.

사정전(思政殿)

세상의 이치는 생각하면 이를 얻고 생각하지 않으면 이를 잃습니다. 대개 임금은 한 몸으로 숭고한 지위에 거처합니다. 여러 사람 중에는 지혜 있거나 어리석은 사람, 어질거나 미련한 사람이 섞여 있으며, 여러 가지 일 중에는 옳고 그른 일, 이익이 되거나 해가 되는 일이 섞여 있으니, 임금이 된 사람은 진실로 이를 깊이 생각하여 세밀히 살피지 않으면 어떻게 일의 옳고 그름을 판별하여 처리하며 사람의 어질고 어리석음을 판별하여 나아가게 하거나 물러나게 할 수 있겠습니까?

옛날부터 임금은 누구나 존귀하고 영화스럽고자 하며 위태로움을 싫어하지 않았겠습니까? 그런데 흉악한 사람을 가까이하고 좋지 않은 계획을 세워 화를 입어 패망에 이르게 되는 것은 진실로 생각하지 않았기 때문입니다. 《시경》에 이르기를 "어찌 너를 생각하지 않겠느냐마는 집이 여기에서 멀구나"라고 했으니 공자께서 "생각하지 않음이지, (생각하면) 어찌 먼 것이 있으리오"[28]라고 말씀하

---

28) 이 구절은 《논어(論語)》 〈자한(子罕)〉에서 인용했다. 하지만 "어찌 너를 생각하지 않겠느냐마는 집이 여기에서 멀구나(豈不爾思 室是遠而)"라는 구절은 《시경》에 보이지 않으며, 《논어》에도 출전이 《시경》으

셨으며, 《서경》에 이르기를 "생각은 슬기로움이요, 슬기로움은 성인(聖人)을 만든다"[29]고 했으니, 생각이 사람에게 있어서 그 작용함이 지극하다고 하겠습니다.

이 궁전은 매번 조회할 때 여기에서 국사를 봅니다. 온갖 중요한 정치상의 일들이 거듭하여 모이는 곳인데, 모두 전하께 여쭈어져 조칙을 내리고 지휘를 하게 되니, 더욱 생각하지 않을 수 없는 곳입니다. 그러므로 신은 사정전(思政殿)이라고 이름 짓기를 청합니다.

근정전(勤政殿) · 근정문(勤政門)

세상의 일은 부지런히 하면 다스려지고 부지런히 하지 않으면 망가지는 것이 필연의 이치입니다. 작은 일도 오히려 그러하거늘, 하물며 정치라는 큰 것은 말할 필요가 있겠습니까? 《서경》에 이르기를 "걱정이 없을 때 경계하고 조심하여 법도를 잃음이 없어야 한다"[30]고 했으며, 또

로 되어 있지 않다.

29) 이 구절은 《서경(書經)》 〈주서(周書)〉 '홍범(洪範)'에 있는 구절이다.

30) 이 구절은 《서경》 〈우서(虞書)〉 '대우모(大禹謨)'에서 인용했다.

이르기를 "편안함과 욕심을 채우는 일로 나라를 지도하지 마시고, 삼가고 두려워하십시오. 하루 이틀에도 온갖 중요한 일들이 일어나니, 뭇 관직을 비지 않게 하시옵소서. 하늘의 일을 사람이 대신하는 것입니다"[31]라고 했으니, 이는 순임금이나 우(禹)임금이 부지런히 한 바입니다. 또 이르기를 "아침부터 해가 기울 때까지 밥 먹을 겨를도 없이 일하여 온 백성을 모두 행복하게 했다"[32]고 했으니, 문왕(文王)의 부지런한 바입니다. 임금으로서 부지런하지 않을 수 없음이 이와 같습니다.

그런데 편안하게 봉양받음이 오래되면 교만함과 안일함이 쉽게 생깁니다. 또 아첨하는 사람들이 따라다니면서 "천하 국가의 일 때문에 나의 정기를 피로하게 하고 나의 수명을 손상시키는 것은 불가합니다"고 말하고, 또 "이미 숭고한 자리에 있는데 어찌 홀로 스스로를 낮추고 괴롭고 힘든 일을 해야 합니까?"라고 말합니다. 이에 때로는 여자와 음악으로, 때로는 사냥으로, 때로는 진기한 노리개로, 때로는 토목공사로 무릇 방탕하고 음탕한 일을 말하지 않는 것이 없습니다. 임금은 네가 나를 제일 사랑하다고 하

31) 이 구절은 《서경》 〈우서〉 '고요모(皐陶謨)'에서 인용했다.

32) 이 구절은 《서경》 〈주서〉 '무일(無逸)'에서 인용했다.

고, 스스로 나태하여 일을 팽개치는 지경에 들어가는 것을 알지 못하게 됩니다. 한나라, 당나라의 임금들이 하·은·주 삼대(三代)만 같지 못한 것은 이것 때문입니다.

그러니 임금이 하루라도 부지런하지 않을 수 있겠습니까? 그러나 임금이 단지 부지런한 것만을 알고 부지런해야 하는 이유를 알지 못하면, 그 부지런함이 어지럽고 좀스러우며 가혹하게 살피는 데로 흘러 볼만한 것이 못 될 것입니다. 옛 선비가 말하기를 "아침에 국정을 처리하고, 낮에는 사람들을 방문하며, 저녁에는 법령을 정비하고, 밤에는 몸을 편안히 한다"[33]고 했는데, 이것이 임금의 부지런함입니다. 또 말하기를 "어진 사람을 구하는 데 부지런히 함으로써 어진 사람을 임명한 후에 편안하게 된다"[34]라고 했습니다. 그러므로 신이 이로써 이름을 올리는 것입니다.

---

33) 이 구절은 《좌전(左傳)》 소공(昭公) 1년 조에서 인용했다.

34) 이 구절은 중국 전한(前漢) 때의 학자 왕포(王褒)의 〈성주득현신송(聖主得賢臣頌)〉을 인용했다. 단 "어진 사람을 얻어 편안하게 된다(逸於得人)"는 구절에서 '득(得)' 자를 임명한다는 '임(任)' 자로 바꾸어 인용했다.

설(說)

농부에게 답함[答田父]

머무르고 있는 숙소가 낮고 기울었을 뿐만 아니라 좁고 더러워서 마음이 답답하고 우울했다. 하루는 들에 나가 노닐다가 한 농부를 보았는데, 짙은 눈썹에 머리가 희었고 등에는 진흙이 묻은 상태로 손에 호미를 들고 김을 매고 있었다.

나는 그 옆에 다가가서 "노인장, 수고하십니다"라고 말했다. 농부는 한참 후에야 나를 보더니 호미를 밭 가운데 두고 언덕으로 올라가 두 손을 무릎에 올리고 앉아 턱으로 나를 오라고 했다. 나는 그가 노인이기 때문에 빨리 달려가 두 손을 마주 잡아 예의를 표하고 섰다.

농부가 묻기를 "그대는 어떤 사람인가? 그대 의복이 비록 해지기는 했으나 옷자락이 길고 소매가 넓으며, 행동거지가 침착하니 혹시 선비인가? 손발에 굳은살이 없고 뺨에 살이 붙었고 배가 나왔으니 조정의 관리인가? 무슨 까닭으로 여기에 왔는가? 나는 늙은이로 여기에서 나서 여기에서 늙어 거친 들, 후미지고 병균이 가득한 시골에서 도깨비들과 더불어 살며 물고기나 새우 떼와 살고 있지만, 조정의 관리라면 죄를 지어 추방된 자가 아니면 오지 않으니 그대는 죄를 지었는가?"라고 했다. 내가 "그렇다"고 말하니, 그가 말하기를 "무슨 죄인가? 먹고살기 위해서, 아내와 자식의 양육을 위해서, 수레와 말 또는 집 때문에 불의(不義)를 돌아보지 않고 한없이 탐욕스럽게 굴다가 죄를 얻은 것인가? 또는 반드시 벼슬에 나갈 마음에 스스로의 능력으로 하지 않고 권력자에게 다가가 이에 붙어서, 수레가 일으키는 흙먼지와 말의 다리 사이에서 바삐 뛰어다니며 먹다 남긴 술이나 식어버린 고기처럼 남긴 것이나 먹기를 바라고 어깨를 움츠리고 아첨하는 웃음이나 지으며 구차하게 얼굴에는 기쁜 빛을 띠어 한 등급을 혹시 얻었다가 뭇사람이 모두 노여워하여 하루아침에 형세가 나빠져 마침내 이처럼 죄를 얻은 것인가?"라고 했다. 내가 "아닙니다"라고 하자, 그는 "그러면 말과 얼굴빛을 단정하게 하여 밖으로는 겸손함을 표시해 헛된 이름을 훔치고, 어두운 밤에는 바삐 돌아다니면서 날아다니는 새가 사람에게 의지하는 태도를 지어 불쌍하게 보임으로써 사적으로 결탁하여 녹봉과 지위를 낚아, 혹은 관리의 직책에 있거나 혹은 간관(諫官)의 자리에 있다가 단지 그 녹봉만을 먹고 그 직책은 생각하지 않으며,

국가의 안위와 백성들의 기쁨이나 근심, 정치 현안의 득실, 풍속의 잘되고 못되는 점에 대해서는 관심이 없어 뜻을 두지 않아 진(秦)나라 사람이 월(越)나라 사람이 살찌거나 마른 것 보듯이 하며,[35] 자기 몸만 보전하며 아내와 자식들만 보호하는 계책으로 구차하게 세월을 보내다가, 만약 충의지사가 자신의 몸을 돌보지 않고 국가의 급한 일로 나아가 직분을 지키고 올바르게 말하거나 바른 도리를 행하다가 화를 입는 것을 보면, 안으로는 그 사람의 이름을 꺼리고 밖으로는 그 사람의 잘못됨을 다행으로 여겨 헐뜯고 비웃으며 스스로 잘 된 계획을 세운 듯했으나, 공론이 타오르고 하늘의 도가 밝아져 속임수가 막히고 죄가 드러나 여기에 이르렀는가?"고 했다. 내가 "아닙니다"라고 하니 그가 "그러면 장수가 되어서 널리 같은 당파를 심어 앞에서 격려하고 뒤에서 보호하며, 편안하고 아무 일도 없을 때에는 크게 공갈을 쳐 왕의 총애를 희망하고 관직 · 녹봉 · 작위 · 상 등을 생각한 바대로 마음대로 해서 사심이 가득 차고 기운이 넘쳐나 조정의 관리들을 업신여기다가, 적군을 만나게 되자 비록 호랑이 가

35) 진나라와 월나라는 거리가 멀고 떨어져 있어 평소 관심이 없으므로, 진나라 사람은 월나라 사람이 살찌든 마르든 상관하지 않는다는 말로, 서로 소원한 상태를 말한다.

죽은 덮고 있지만 본바탕은 양이라 벌벌 떨어 적군과 싸우기를 기다리지 않고 바람만 불어도 먼저 도망가 적의 칼날에 백성들의 목숨만 버리고 국가의 대사를 잘못되게 만들었는가?"라고 했다. 내가 "아닙니다"라고 하니, 그는 "그러면 공경이나 재상이 되어서 괴팍하고 너그럽지 못하여 자기 생각대로만 하고 다른 사람의 말은 듣지 않으며, 자신에게 아부하는 자는 좋아하고 자신에게 붙는 자는 승진시키며, 곧은 선비가 말을 거스르면 성을 내고, 올바른 선비가 도리를 지키면 배척하며, 임금의 작위와 녹봉을 훔쳐 자신의 사사로운 은혜로 삼으며, 국가의 법률을 제 마음대로 하여 자신의 사사로운 용도로 삼다가 악행이 쌓여 화가 이르러 이러한 죄에 걸린 것인가?"라고 했다. 내가 "아닙니다"라고 하니, 그는 "그러면 자네의 죄를 내가 알겠노라. 자신의 힘이 부족한 것을 헤아리지 않고 큰소리치기를 좋아하고, 당시의 불가함을 알지 못하고 직언하기를 좋아하며, 지금 세상에 태어나서 옛 시대를 사모하고 아래 위치에 있으면서 윗사람을 거스른 것이 죄를 얻은 이유이겠구나. 옛날에 가의(賈誼)[36]는 큰소

---

36) 가의(BC 200~BC 168) : 중국 전한 때의 학자다. 〈과진론(過秦論)〉, 〈조굴원부(弔屈原賦)〉 등을 저술했다.

리를 좋아하고, 굴원은 바른말을 좋아하며, 한유(韓愈)[37]는 옛 시대를 좋아하고, 관룡봉(關龍逄)[38]은 윗사람 배척하기를 좋아했다. 이 네 사람은 모두 도(道)가 있는 선비였지만 혹은 쫓겨나고 혹은 죽어 스스로를 보존하지 못했으니, 지금 자네는 한 몸으로써 여러 가지 금기를 범했는데도 겨우 귀양만 오고 목숨은 보존했으니, 나는 비록 촌사람이나 가히 국가 법률의 관대함을 알겠도다. 그대는 지금부터 이를 조심하면 화를 면할 수 있을 것이다"라고 했다. 나는 그 말을 듣고 그가 도(道)가 있는 선비라는 것을 알았으므로, "노인장은 숨은 군자십니다. 객사에 가셔서 가르침을 주십시오"라고 요청하니, 노인장이 말하기를 "나는 대대로 농사꾼이었소. 농사를 지어 국가에 세금을 납부하고 나머지로 아내와 자식을 부양하니, 이것 이외의 것은 내가 알 바가 아니오. 그대는 가시오. 나를 어지럽히지 마시오"라고 하고 다시는 말하지 않았다. 나

---

37) 한유(768~824) : 중국 당나라의 학자로, 유가 사상(儒家思想)을 중시하고 도교나 불교 사상을 배격했다. 저술로 《창려선생집(昌黎先生集)》 등이 있다.

38) 관룡봉 : 중국 하(夏)나라의 폭군 걸왕(傑王)의 대신(大臣)이다. 걸왕이 술과 여자에 빠져 제대로 정치를 하지 않자 이에 대해 간하다가 죽었다.

는 물러 나와 "저 노인장은 장저(長沮)나 걸닉(桀溺)[39]과 같은 부류구나"라고 탄식했다.

가난

내가 죄를 지어 남쪽 변방으로 쫓겨나자 나를 헐뜯고 비방하는 소리가 벌 떼처럼 일어나고 터무니없는 말로 여론을 일으켜 어떤 화를 입을지 헤아릴 수 없었다. 아내는 매우 두려워하여 나에게 사람을 보내 "당신은 평소 열심히 글을 읽으시느라 아침에 어떻게 밥을 하는지 저녁에는 또 어떻게 밥을 하는지 알려고 하지 않으셔서, 집안은 경쇠를 걸어놓은 것처럼 가난하여 한 항아리의 식량도 없어 어린아이들은 방에 들어차 춥고 배고프다고 울었습니다. 제가 살림을 맡아 그때마다 어떻게 방도를 취하며, 당신께서 열심히 공부하시니 입신양명하여 아내와 자식들이 우러러보고 의지하는 바가 되고 가문의 영광이 될 것이라고

---

39) 장저 · 걸닉 : 공자가 살던 시대에 초나라의 작은 속국 섭(葉)에서 밭갈이하며 숨어 살던 은자(隱者)들로, 공자가 아직 정치에 뜻을 두고 있음을 비판했다. 이에 대해 공자는 천하에 도(道)가 있다면 자신이 바로잡을 필요가 없다고 했다.

말했는데, 끝내는 법에 저촉되어 이름이 욕되고 공적은 깎였으며, 몸은 남쪽 지방으로 쫓겨나 나쁜 병균이나 들이마시고, 형제들도 망하고 가문이 몰락하여 세상 사람들의 비웃음거리가 된 것이 이 지경에까지 이르렀으니 어진 사람이나 군자도 진실로 이와 같은 것입니까?"라고 말했다.

내가 답장하기를 "당신의 말이 진실로 이치에 맞소. 내가 친구들이 있어 그 정이 형제보다도 두터웠는데 내가 패망한 것을 보더니 뜬구름처럼 흩어졌소. 그들이 나를 걱정하지 않은 것은 세력으로써 맺어졌고 정으로써 맺어지지 않았기 때문이오. 부부의 도리는 한 번 혼례를 하면 평생을 같이하는 것이니, 당신이 나를 책망하는 것은 사랑해서지 미워해서가 아닐 것이오. 또한 아내가 남편을 섬기는 것은 신하가 임금을 섬기는 것과 같아, 이 이치는 거짓된 것이 아니며 모두 하늘에서 얻은 것이오. 당신은 자신의 집을 걱정하고 나는 우리나라를 걱정하는 것 이외에 어찌 다른 점이 있겠소? 각기 자신의 직분을 다할 뿐이며, 대저 성공과 실패, 이익과 손해, 영광과 욕됨, 득과 실 같은 것은 하늘에 달린 것이지 인간에게 있는 것이 아닌데, 그 무엇을 근심하겠소?"라고 했다.

전(傳)

정침전(鄭沈傳)

정침(鄭沈)은 나주 사람이다. 나주에서 벼슬하여 호장을 지냈는데, 말 타고 활쏘기를 잘했으며, 평소 집안의 살림살이에는 신경 쓰지 않았다. 홍무 4년(공민왕 20년, 1371) 봄 전라도안렴사의 명령으로 제주(濟州)의 산천에 제사 지내는 축문과 예물을 받들어 배를 타고 바다를 건너가다가 왜적과 만났는데, 중과부적이었으므로 배 안의 사람들은 모두 두려워하여 항복하자고 했다. 정침만이 홀로 결코 안 된다고 하고, 싸우기를 결의하고 적을 쏘니 활시위 소리가 날 때마다 적이 죽어 넘어져 감히 다가올 수 없었다. 그러나 화살이 다 떨어져 가자 정침은 사태를 해결할 수 없을 것을 알고 옷과 홀을 갖추고 바로 앉았다. 적들이 놀라 말하기를 "저 사람은 관료다" 하고 서로 삼가며 감히 해치지 못했는데, 정침은 스스로 물에 뛰어들어 죽었다. 배 안의 사람들은 모두 적에게 항복했고, 죽은 사람은 오직 정침뿐이었다. 그의 고향 사람들은 모두 그가 불행하게 죽은 것에 대해 애석해했으나, 그가 결국 스스로 죽은 것에 대해서는 어리석다고 여겼다.

정 선생(정도전)이 이를 듣고 슬퍼하여 그를 위해 전(傳)을 지었다. 그 내용에 이르기를 "아, 죽음과 삶은 진실로 큰 것이다. 그러나 사람 중에 가끔 죽음 보기를 집에 돌아가는 것처럼 여기는[40] 자가 있는데, 의리와 이름을 위해서다. 저 자중하는 선비들이 그 의리로써 가히 죽을 만한 곳을 만나면, 비록 펄펄 끓는 솥이 앞에 있고 칼과 톱이 뒤에 있으며, 화살과 돌이 위에서 쏟아지고 시퍼런 칼날이 아래에서 교차해도 이에 부딪치기를 사양하지 않고 앞으로 나아가 피하지 않는 것은 어찌 의리를 중하게 여기고 죽음을 가벼이 여기는 것이 아니겠는가? 과연 말을 잘하는 선비가 있어서 뒤에 이를 서술하여 서적에 나타낸다면, 그 영광된 이름과 뛰어난 충의는 사람들의 이목을 밝게 비추고 사람들의 마음과 뜻을 감동시켜 그 사람은 비록 죽었으나 죽지 않고 존속하는 점이 있으리라. 그러므로 명예를 좋아하는 선비는 한 번 죽는 것을 만족하게 여기고 후회하지 않는 것이다.

---

40) 죽음 보기를 집에 돌아가는 것처럼 여기다[視死如歸] : 《사기(史記)》〈채택열전(蔡澤列傳)〉에 나오는 말이다. "군자(君子)는 의로움을 위해 어려운 일을 하다 죽으니, 죽음 보기를 집에 돌아가는 것처럼 여깁니다"라고 했다.

지금 대개 정침의 죽음에 대해서는 국가도 알지 못하고 또 말 잘하는 선비가 그를 위해 기록해서 후세에 전하지도 않았으니, 정침의 충성과 의리는 물결처럼 모두 흘러갈 것이다. 아! 진정으로 슬픈 일이다. 또한 자로(子路)처럼 어진 사람도 갓끈을 매고 죽은 것에 대해 사람들이 어려운 일이라고 했는데,[41] 정침은 한낱 시골의 아전으로서 적에게 항복하는 것이 옳지 않음을 알았고, 급박한 때에 처했으면서도 바른 자세를 잃지 않고 복장을 갖추고 죽음을 기다려 적이 그의 늠름한 모습을 보고 감히 범접하지 못했으니, 그의 충성스럽고 굳센 기상이 흉악한 적의 마음을 꺾어버리고 감복시켰기 때문이다. 적이 해치지 못하자 자살하기로 결단을 내리고 헤아릴 수 없이 깊은 물에 몸을 던져 털끝만큼의 더럽힘도 없이 조용하게 의(義)로 나아갔으니, 의분에 넘쳐 스스로를 희생한 것은 비록 옛사람이라도 미치지 못하는 점이다. 이러한 점은 모두 타고난 성품의 아름다움에서 나온 것으로, 명성을 좋아하는 선비가 목적하는 바가 있어 한 것과는 비교할 수 없는 것이다.

충의의 열렬함이 이와 같은데 세상에는 아는 사람이

---

41) 중국 춘추시대 위(衛)나라의 읍재(邑宰)로 있던 자로는 반란 사건에 저항하다 칼을 맞아 갓끈이 끊어졌다. 이에 자로는 "군자는 죽더라도 갓을 벗지 않는다"고 말하고 갓끈을 다시 매고 죽었다.

없어 비록 같은 고향 사람이라도 그 죽음이 어리석었다고 애석해하는 데 불과할 뿐이다. 오호라! 진실로 사람에게 죽음이란 것이 없다면 사람의 도리는 없어진 지 오래되었을 것이다. 오랑캐 적들이 항복하기를 협박할 때 충신은 죽음이 아니라면 어찌 그 올바름을 보존할 것이며, 힘세고 흉악한 자가 위협하고 협박할 때 열녀는 죽음이 아니라면 어찌 그 절개를 보존할 수 있겠는가? 사람이 어려운 일을 당하여 자신의 올바름을 잃지 않는 것은 다행히도 한 번 죽음이 있을 뿐이기 때문이다.

지금의 세상을 말한다면 왜구가 근심거리가 된 지 지금까지 거의 30년이 다 되어, 명망가의 선비와 부녀자들이 많이 포로가 되어 즐겨 노비나 첩이 되고 사양하지 않으며, 심한 자는 첩자가 되어 왜구를 위해 길을 안내하니, 그들의 행동을 보면 개나 돼지보다 못한데 부끄러워하지 않는 것은 다름이 아니라 죽음을 두려워하기 때문이다. 그들이 정침의 죽음을 보면 어떻다고 하겠는가? 또한 평소에는 다른 사람의 의로운 행동을 들으면 항상 스스로 격앙되고 독려되어서 그 만분의 일이라도 본받기를 생각하다가, 하루아침에 몸소 그러한 변란을 당하는 데 이르게 되면 두려워하고 겁을 내 이해관계에 의지를 빼앗겨 구차하게 살아남아 올바름을 저버리는 자가 대부분이다. 더구나 그의 죽음이 의리를 위한 것임을 모르고 어리석다고 여기며, 그의 죽음이 없어져 전하지 않는다. 아! 하기 어려운 행실이 있었는데도 성명을 모르며, 또 세상 사람들의 비웃음을 받은 사람이 어찌 정침 혼자만이겠는가? 이것이 이 전(傳)을 지은 이유다"라고 하였다.

제문(祭文)

도깨비에게 사과하는 글[謝魑魅文]

회진(會津)은 큰 산과 무성한 숲이 많고 바다에 가깝고 후미져, 공허하고 사람 사는 곳이 거의 없다. 남기(嵐氣)[42]가 피어오르고 장기(瘴氣)[43]가 연못처럼 고이며, 자주 흐렸다가 비가 온다. 그 산과 바다의 음침하고 공허한 기운과 풀과 나무, 흙과 돌의 정기가 서로 섞이고 녹여 뭉쳐져 바뀌어 도깨비가 되었으니, 사람도 아니고 귀신도 아니며 어둡지도 않고 밝지도 않은데, 또한 하나의 사물이었다.

정 선생(정도전)이 홀로 방에 앉아 있다가 낮은 길고 사람은 없으므로, 간혹 때로는 책을 내던지고 문을 나가 뒷짐을 지고 먼 곳을 바라보면 산천은 어지럽게 얽혀 있고 나무와 풀은 서로 이어져 있으며, 하늘은 흐리고 들판은

42) 남기 : 저녁나절에 산에서 피어오르는 아지랑이 같은 기운. 여기서는 나쁜 기운을 말한다.

43) 장기 : 습하고 더운 땅에서 생기는 나쁜 기운을 말한다.

어두워 눈에 보이는 모든 것이 쓸쓸하여 음기가 사람에게 스며들어 온몸이 노곤했다. 이에 방 안으로 되돌아오면 괴롭고 울적하여 마음이 심란하다. 피곤에 지쳐 잠자리에 나가 머리를 숙이고 눈을 감으면 잠에 든 것도 같고 아닌 것도 같은데, 앞에서 말한 도깨비 무리들이 서로 조롱하고 한숨 쉬며 갑자기 왔다 갔다 하며, 기쁜 것 같기도 하고 슬픈 것 같기도 하고 웃는 것 같기도 하며, 뛰고 부딪치고 쓰러지고 엎어지고 가까이 온다.

선생이 그 번거롭고 떠들썩한 것을 싫어하고 또 상서롭지 못한 것을 미워하여 손을 들어 쫓아버렸으나 갔다가 다시 온다. 노여움을 이기지 못하여 큰 소리로 부르짖었더니 문득 잠이 깼다. 이어서 형체와 자취가 사라져 휑하니 아무 사물도 없었다. 선생은 가슴이 떨리고 두려워 혼이 나간 것 같다가, 오랜 시간이 지난 뒤에 안정되자 정신을 가다듬고 조용히 생각하여 기운을 차리고 조심스럽게 숨 쉬며 잠자는 것처럼 하고 앉았다. 다시 그 사물이 나타나 같은 무리들을 끌어들여 계속해서 모여들었는데, 하는 바가 앞에서와 마찬가지다. 선생이 "너는 음물(陰物)이므로 나와 같은 무리가 아닌데 어찌 다가오느냐? 또한 너는 어째서 슬퍼하며 어째서 기쁘게 웃느냐?"고 말했다. 말이 끝나자 나와 이야기하는 것이 다음과 같았다. "길이 사방으로 연결된 도회지나 이름난 고을은 저택들이 서로 잇대어 있고 수레들의 왕래가 끊이지 않아 사람들이 사는 곳이며, 아득하고 어두운 곳이나 거칠고 인적이 없는 들판은 도깨비가 퍼져 있는 곳입니다. 그러므로 당신께서 우리에게 온 것이지 우리가 당신께 간 것이 아닙니다. 어찌 우리 보고 가라고 하십니까? 당신은 자신의 힘을 헤아리지도 않고 나라의 금령(禁令)에 저촉되어 태평성대에 쫓겨났으니 가소롭지 않습니까? 힘써 배우고 뜻을 도탑게 하여 곧게 행동하고 바르게 일하다가 끝내는 죄에 걸려 귀양 왔는데 스스로 밝힐 길이 없으니 또한 가히 슬프지 않습니까? 아득하고 어두운 곳에 엎드려 살고 있어 세상이 알지 못하는 우리가 학식이 깊고 심오하여 자질구레한 모든 것까지 연구한 당신을 거칠고 후미진 변방 가운데서 만났으니, 이는 기뻐할 만한 일입니다. 또한 당신은 일반 사람에도 끼지 못하고 추방을 당하여 먼 지방에 있으므로, 당신을 만난 사람은 놀라고 당신에게 말하는 사람은 마음이 떨립니다. 모두 손을 저으며 물러서고 팔을 흔들며 뒤돌아 갑니다. 오직 우리들은 당신이 온 것을 기쁘게 여기고 더불어 같이 노는데, 지금 같은 무리가 아니라고 배척하니 우리를 버리고 그 누구와 더불어 벗이 되겠습니까?"

선생이 이에 그 말을 부끄럽게 여기고 또한 그 뜻을 고

맙게 여겨 글로써 사과를 했다. 글에 다음과 같이 썼다. “산의 구석, 바다 모퉁이에, 비가 오는 어두운 날씨에 풀과 나무가 무성하도다. 사람 하나 없이 홀로 사는데, 너를 버리고 내가 누구와 놀겠느냐? 아침에 나가 따라다니며 밤에는 함께 살며, 때로는 노래 부르며 화답하니 세월이 다 흘러갔구나. 이미 시대와 어그러져서 세상을 버렸는데, 어찌 또 무엇을 구하리오. 풀밭에서 춤을 추며 부족하나마 그대로 너와 더불어 한가롭게 놀겠노라.”

권5

경제문감(經濟文鑑) 상(上)

재상(宰相)

재상의 직책

위로는 음과 양을 조화롭게 하고 아래로는 서민들을 어루만져 편안하게 하며, 안으로는 백성들을 공평하고 밝게 다스리고 밖으로는 사방의 오랑캐를 평정하여 통치하는 것이니, 국가에서 내리는 벼슬과 포상 · 형벌이 이와 관련이 있고, 천하의 정치와 교화 · 법령이 이로부터 나오는 것이다. 궁전의 섬돌 아래에서 사람이 행해야 할 바른길에 대해 논하여 한 사람(임금)을 돕고, 묘당(廟堂 : 의정부) 위에서 정치의 실권을 잡고 온갖 사항을 처리하니 그의 임무가 어찌 가볍겠는가? 국가가 잘 다스려지는가 또는 어지러워지는가, 천하가 편안하게 되는가 또는 위험에 처하게 되는가가 항상 반드시 재상에게서 비롯되는 것이니, 진실로 그 사람을 가볍게 바꿀 수 없다.

중국 요순시대의 고요(皐陶),[44] 직(稷),[45] 설(契)[46]과

44) 고요 : 중국 순임금의 신하로, 법을 만들고 형벌을 제정했다는 전설

상(商)나라의 이윤(伊尹),[47] 이척(伊陟),[48] 주(周)나라의 태전(太顚),[49] 굉요(閎夭),[50] 주공(周公),[51] 소공(召公),[52] 한나라의 소하(蕭何),[53] 장량(張良),[54] 진평(陳平),[55] 주발

상의 인물이다.

45) 직 : 본명은 희기(姬棄)이나, 요(堯)임금 때 농사를 관장하는 직책을 담당했으므로 직 또는 후직(后稷)이라고 했다.

46) 설 : 요순시대의 정치가로 우임금의 치수(治水) 사업을 보좌했다.

47) 이윤 : 중국 은(殷)나라의 탕왕(湯王)을 도와 하(夏)나라의 걸왕(桀王)을 멸망시키는 데 결정적인 기여를 했다고 한다.

48) 이척 : 이윤의 자손으로, 은나라 태무(太戊)의 중흥 정치를 보좌했다.

49) 태전 : 태전(泰顚)이라고도 하며, 주나라 문왕(文王)의 네 명의 충신들 중 한 명이다.

50) 굉요 : 주나라 문왕과 무왕(武王) 때의 뛰어난 신하였다.

51) 주공 : 문왕의 아들로 이름은 단(旦)이다. 주나라의 제도와 문물을 제정하고 정비하는 데 크게 기여했다.

52) 소공 : 본명은 희석(姬奭)으로 소(召) 지역을 식읍(食邑)으로 받아 소공이라고 한다. 주공과 함께 주나라의 건국과 안정에 크게 이바지했다.

53) 소하(?~BC 193) : 중국 한나라 때의 명재상으로, 한 고조(高祖) 유방(劉邦)을 도와 한나라가 중국을 통일하는 데 커다란 기여를 했다.

54) 장량(?~BC 168) : 중국 한나라 때의 뛰어난 전략가다. 진 시황(秦始皇)을 암살하려 했으며, 이후 유방을 도와 한나라 창업에 커다란 기여를 했다.

(周勃),[56] 당나라의 방현령(房玄齡),[57] 두여회(杜如晦),[58] 요숭(姚崇),[59] 송경(宋璟),[60] 배도(裵度)[61]는 모두 맡은 바를 마지막까지 이루었다. 그러므로 오늘에 이르러 요순 시대의 융성함을 본받으며, 상나라와 주나라의 통치를 추천하며, 한나라와 당나라의 번영을 칭송하니, 진실로 이러한 사람들을 버리고 다른 사람에게 맡긴다면 반드시 나라가 쇠퇴하여 위태로운 지경에 이를 것이다. 그러므로 후세에 올바르지 못한 사람을 재상으로 삼아 나라가 뒤집

---

55) 진평(?~BC 178) : 중국 한나라 때의 정치가로, 한나라의 중국 통일에 크게 기여했다.

56) 주발(?~BC 169) : 중국 한나라 때의 정치가로, 유방의 중국 통일과 한나라의 체제 안정에 크게 기여했다.

57) 방현령(578~648) : 중국 당나라의 관료로, 당 태종을 보좌하여 두여회와 함께 명재상이란 평가를 받았다.

58) 두여회(585~630) : 중국 당나라 때의 재상으로, 방현령과 함께 태종의 '정관(貞觀)의 정치'를 이루는 데 크게 기여했다.

59) 요숭(650~721) : 중국 당나라 때의 재상으로, 본명은 원숭(元崇)이다. 당 현종(玄宗)의 '개원(開元)의 정치'를 이루는 데 커다란 공헌을 했다.

60) 송경(663~737) : 중국 당나라 때의 이름난 재상으로, 요숭과 함께 현종의 '개원의 정치'에 커다란 기여를 했다.

61) 배도(765~839) : 중국 당나라 때의 뛰어난 재상이다. 환관과 절도사에 대한 견제책을 추진했다.

히고 망하는 일이 잇달았으니, 가히 애석함을 이길 수 없다.

재상의 일을 맡기는 데는 반드시 재상의 재목이 있으니, 마땅한 사람을 구하지 않으면 혹은 유약하여 다른 사람에게 제압되기 쉽고, 혹은 바르지 못하고 간사하여 아첨하는 사람이 벼슬하거나, 혹은 외척과 결탁하고, 혹은 환관이나 궁녀와 결탁한다. 모든 사람이 우러러보는 지위를 차지하고 다스림의 도리를 논하는 직책에 처하게 되면, 간사한 자는 권세를 부리고 전횡을 일삼으며[作福62)], 관직을 팔고 뇌물을 받고 판결하여 천하를 어지럽히며, 유약한 자는 임금의 뜻을 받들어 순종하기만 하고 미적거리면서 입을 닫고 말을 하지 않아 임금의 은총만을 확실하게 하니, 크게는 사직을 위태롭게 하고 작게는 기강을 무너뜨린다. 재상의 임무를 어찌 가벼이 줄 수 있겠는가?

재상의 일

• 자신을 바르게 함

자신의 몸이 바르면 도(道)가 처자식에게까지 행해지

62) 작복 : 《서경》 〈홍범(洪範)〉에 "오직 임금만이 복을 내릴 수 있다(惟辟作福)"고 했다. 따라서 임금 아닌 통치자가 복(福)을 내리는 것은 정치를 전횡하는 것이 된다.

고, 자신의 몸이 바르지 않으면 처자식에게도 행할 수 없다. 더할 수 없이 가까운 가족 사이에서도 오히려 그러한데, 하물며 그 임금에게서랴. 그러므로 대신(大臣)의 일은 자신을 바르게 하는 것보다 큰일이 없다고 한다.

• 임금을 바로잡음

정치를 하는 소인에 대해 더불어 잘못되었다고 할 것이 없고, 그들의 정치마다 더불어 그릇되었다고 할 것이 없다. 오직 대인(大人)만이 능히 임금의 그릇된 마음을 바로잡을 수 있으니, 임금이 어질면 어질지 않은 것이 없을 것이요, 임금이 의로우면 의롭지 않은 것이 없을 것이니, 한 번 임금을 바르게 만들면 나라가 안정된다.[63] 그러므로 대신의 일은 임금을 바로잡는 것보다 큰일이 없다고 한다.

---

63) 이 구절은 《맹자》 〈이루(離婁) 상〉에 있는 내용이다. 단 "그들의 정치마다 더불어 그릇되었다고 할 것이 없다(政不足與間也)"라는 구절은 《맹자》에는 '정부족간야(政不足間也)'로 되어 있는데, '여(與)' 자를 첨가하여 의미를 더욱 분명하게 하고 있다. 또한 《맹자》에는 "임금이 의로우면 의롭지 않은 것이 없을 것이니" 다음에 "임금이 올바르면 올바르지 않은 것이 없을 것이다(君正莫不正)"라는 구절이 더 있는데, 여기서는 생략되어 있다.

• 사람을 앎

사람을 아는 것은 요임금과 순임금이 중히 여긴 바다. 고요(皐陶)나 우(禹)의 성스러움을 알지 못해 이들을 등용하지 못하고, 네 흉인[四凶][64]의 악함을 알지 못해 이를 물리치지 못했다면 비록 그 어짊이 있었다고 하더라도 천하를 평화스럽게 다스릴 수 없었을 것이니, 하물며 그보다 못한 사람이겠는가? 그러므로 대신의 일은 사람을 아는 것보다 큰일이 없다고 한다.

• 일을 처리함

하루 동안에 일의 조짐이 오는 것이 천만 가지에 이르는데, 진실로 혹 한 가지 일이라도 실수가 있으면 재앙이나 난리가 발생한다. 그러므로 옛날에 일을 잘 처리하는 사람은 반드시 조짐이 있으면 경계했으니, 이른바 쉬운 곳에서 어려움을 헤아리고 미세한 부분에서 큰일을 처리했던 것이다. 그러나 조짐을 아는 군자가 아니고서야 누가 이를 능히 살펴서 처리해 실수에 이르지 않게 할 수 있겠는가? 그러므로 대신의 업무 중에 일을 처리하는 것보다

---

64) 네 흉인[四凶] : 순임금 때 나라를 망친 악인(惡人) 네 명, 즉 공공(共工)·환두(驩兜)·삼묘(三苗)·곤(鯀)이다.

큰일이 없다고 했다.

중국 하·은·주의 세 왕조 이래로 능히 재상의 일을 다할 수 있었던 사람은 오직 이윤, 부열(傅說),[65] 주공뿐이었다. 대체로 태갑(太甲)[66]이 법도를 깨뜨리고자 했으며 제멋대로 예절을 무너뜨려 거의 탕(湯)임금[67]의 사업을 쓰러뜨렸으나, 능히 올바른 덕을 성취하도록 한 것은 이윤이었다. 고종(高宗)[68]이 예전에 감반(甘盤)[69]에게 배웠으나 끝내 밝게 드러난 바가 없었는데, 처음부터 끝까지 항상 학문에 종사하도록 하여 덕이 깨닫지 못하는 사이에 닦여지도록 한 것은 부열이었다. 성왕(成王)[70]이 곡식을

---

65) 부열 : 중국 은(殷)나라 고종(高宗) 때의 정치가로, '중흥의 정치'를 이루는 데 공로를 세웠다.

66) 태갑 : 중국 은나라의 3대 임금인 태종(太宗)의 이름이다. 포악하여 탕임금의 법도를 지키지 않았으므로 당시 재상 이윤(伊尹)이 내쫓고 3년간 섭정하다가, 태갑이 뉘우치자 다시 임금으로 모셨다.

67) 탕임금 : 폭군으로 알려진 하(夏)나라의 걸왕(桀王)을 패배시키고 은나라를 세운 왕이다. 본래 이름은 이(履) 또는 태을(太乙)이다.

68) 고종 : 중국 은나라의 20대 임금으로, 쇠퇴기에 있던 은나라를 부흥시켰다. 본래 이름은 무정(武丁)이다.

69) 감반 : 중국 은나라 때의 재상으로, 고종이 즉위하기 전에 감반에게서 학문을 배웠다고 한다.

70) 성왕 : 중국 주(周)나라의 2대 왕으로, 성명은 희송(姬誦)이다. 주

심고 거두는 어려움을 알지 못했는데, 다시 후직(后稷)과 공류(公劉)[71]의 일[72]을 닦도록 한 것은 주공이었다. 옛날에 임금을 바르게 한 자들은 이와 같았으니, 어찌 유래된 바가 없겠는가? 이윤의 변함없이 순수한 덕[一德]과 부열의 견문이 넓은 것[多聞]과 주공의 본디부터의 성스러움[原聖]이 그 임금을 바르게 만든 본보기였다. 한나라의 소하, 조참(曹參),[73] 병길(丙吉),[74] 위상(魏相)[75]과 당나라의 방현령, 두여회, 요숭, 송경과 같은 사람은 사람을 잘 알아보고 일을 잘 처리했다고 할 수 있으나, 자신을 바르게 하고 임금을 바로잡았다고는 할 수 없다. 한나라의 고조(高祖)[76]는 애첩에게 홀려 거의 태자를 폐할 뻔했고, 끝

나라의 전성기를 이룩하는 데 큰 기여를 했다.

71) 공류 : 후직의 자손으로 오랑캐의 땅에서 농업을 다시 일으켰다.

72) 후직과 공류의 일이란 농업을 말한다.

73) 조참(?~BC 190) : 유방을 도와 한나라가 중국을 통일하는 데 커다란 공로를 세웠다.

74) 병길(?~BC 55) : 중국 한나라 때 사람으로, 무고(巫蠱)의 옥사 때 유순(劉詢)의 목숨을 구하는 데 커다란 공로를 세웠다. 유순이 황제[선제(宣帝)]가 되자 승상(丞相)의 지위에 올랐다.

75) 위상(?~BC 59) : 중국 한나라의 때의 정치가로, 병길과 함께 선제를 보좌했다.

76) 고조(BC 247?~BC 195) : 중국 한나라의 첫 황제로, 본명은 유방이

내는 여씨(呂氏)[77]로 하여금 임금을 대신해 정치를 하게 함으로써 사직을 위태롭게 했으며, 선제(宣帝)[78]는 법률을 《시경》이나 《서경》처럼 여기고[79] 환관들을 주공이나 소공처럼 여겨 한나라 왕실에서 재앙의 실마리를 만들어 낸 주인공이 되었다. 당나라 태종의 가정 내의 부끄러운 행위[80]는 백성들이 본받을 만한 것이 없었고, 끝내는 무재인(武才人)[81]이 분수에 넘치게 왕이라고 자칭하게 되

다. 진(秦)나라 말기에 군대를 일으켜 최종적으로 항우(項羽)를 격파하고 중국을 통일했다.

77) 여씨(?~BC 180) : 중국 한나라의 첫 황제인 고조 유방의 부인 여후(呂后)를 말한다. 본래 성명은 여치(呂雉)이며, 유방이 죽고 아들이 즉위하자 실권을 잡고 횡포를 부렸다.

78) 선제(BC 91~BC 49) : 중국 한나라의 10대 황제다. 한나라의 국력을 신장시켰다는 평가를 받고 있으나, 외척과 환관의 권력이 강화되는 발판도 마련했다.

79) 한나라의 선제는 법가(法家)를 중시하여 이를 기본으로 하는 정책을 폈는데, 이에 대해 법가주의를 유교의 경전처럼 중시했다고 비판하는 것이다.

80) 당 태종은 황태자였던 형 건성(建成)과 동생 원길(元吉) 및 그 가족들을 권력 다툼 끝에 죽이고 태자가 되었으며, 황제가 된 후에는 형제간의 권력 다툼을 한 자신의 장남인 태자 승건(承建)을 폐위시키고 치(治)를 태자로 삼았다. 또한 죽은 동생 원길의 아내를 맞아들여 비(妃)로 삼았다.

어[82] 이씨(李氏)[83]가 거의 망할 뻔했으며, 현종(玄宗)[84]은 술과 여자에 빠져 인간의 도리를 하지 않아 오랑캐 놈이 중국을 어지럽혔다.[85] 그런데도 저 몇몇 사람들은 몸소 재상이 되어서도 모두 이를 바로잡을 줄을 알지 못했으니, 다른 것에는 말할 바가 있다고 하더라도 어찌 볼만한 것이 있겠는가? 진실로 능히 자신의 몸을 바르게 하지 못한 것에서 말미암아 또한 그 임금을 바르게 하지 못한 것이니 안타깝도다.

---

81) 무재인 : 측천무후(則天武后, 624~705)를 말한다. 성이 무(武)씨이고 당 태종의 후궁으로 들어와 4품의 재인(才人)에 임명되었으므로, 무재인이라고 서술한 것이다.

82) 고종의 황후가 된 측천무후가 자신의 셋째 아들인 중종(中宗), 넷째 아들인 예종(睿宗)을 차례로 내쫓고 690년 스스로 황제가 되어 나라 이름을 대주(大周)로 바꾼 사건을 말한다.

83) 당나라 왕족의 성씨가 이씨이므로, 이씨는 당나라 왕실을 말한다.

84) 현종(685~762) : 중국 당나라의 여섯 번째 황제로, 본명은 이융기(李隆基)다. '개원의 정치'라 일컬어지는 당나라의 부흥을 이루었으나, 양귀비(楊貴妃)를 비롯한 여자들에게 빠져 나라의 쇠망을 초래했다.

85) 안녹산(安祿山, 703?~757)이 반란을 일으킨 사건을 말한다. 안녹산은 아버지가 소그드인, 어머니가 돌궐인으로, 한족(漢族)이 아니므로 오랑캐라고 표현한 것이다.

권6

경제문감(經濟文鑑) 하(下)

대관(臺官)

어사(御史)

임금이 안락함과 놀기를 좋아하여 덕망을 잃고, 사리에 어긋나고 어지러워서 도리를 잃었으며, 술과 여자에 빠져 정사를 돌보지 않고 간하는 말을 받아들이지 않으며, 충성스러운 사람을 자르고 어진 사람을 등용하지 않으면 어사부(御史府)가 이를 간하여 따질 수 있다. 재상이 옳고 그름을 결정하지 못하여 우물쭈물하다가 단지 임금의 뜻만을 좇으며, 위로는 임금을 가리고 아래로는 백성들을 속이며, 임금의 총애만을 탐하여 간하는 것을 잊고, 복을 홀로 독차지하고 위세를 부리면 어사부가 법에 의해 죄를 밝혀 바로잡을 수 있다. 장수가 포악하고 사나워 명령을 따르지 않으며, 용맹함을 믿고 마음대로 해치며, 병사들을 가지고 놀고 전쟁하기를 꺼리며, 폭리로 백성들에게 해독을 끼치면 어사부는 이를 탄핵할 수 있다. 임금이 지극히 존엄하고, 재상과 장수는 지극히 귀중하나, 또한 간하고 따지며 규탄하고 탄핵할 수 있으니, 나머지에 대해서는 가히 알 수 있을 것이다.

간관(諫官)

간관(諫官)과 어사(御史)는 그 직책이 약간 다르다

간관과 어사는 모두 말로써 따지는 신하이나, 그 직책은 각기 다르다. 간관은 임금 옆에서 옳은 것을 권하고 그른 것을 버리도록 하는 일을 주관함으로써 임금을 바르게 하며, 어사는 규찰을 주관하여 신료들을 바로잡는 것이다. 그러므로 임금에게 과실이 있으면 간관이 상소하고, 신하에게 법을 어긴 사실이 있으면 어사가 그 사실을 임금에게 아뢴다.

간관의 직책을 구별하고 어사의 임무를 바르게 하자면, 임금을 보좌하여 바른 것을 권하고 악한 것은 하지 않도록 하는 일은 간관에게 맡기고 규찰하는 일은 어사에게 맡기되, 아주 신중하고 언행이 바르고 점잖으며 적시에 움직이며 핵심 사항[大體]을 도탑게 하는 자를 선발하여 간의대부(諫議大夫)[86]를 삼으며, 엄정하고 위엄이 있으며 강직할 뿐만 아니라 예로부터 전해 내려오는 규칙이나 법

86) 간의대부 : 임금에게 정치를 올바르게 하고 잘못을 고치도록 간하는 관직이다.

[故事]에 대한 지식이 있고 국체(國體)를 잘 아는 사람을 선발하여 어사중승(御史中丞)[87]을 삼는다.

조정에서는 법령에 완전하지 못한 점이 있거나, 교화에 미비한 점이 있거나, 예악에 닦여지지 않은 점이 있거나, 지휘명령에 밝지 않은 점이 있거나, 의논에 결정되지 못한 점이 있거나, 개혁에 타당하지 않은 점이 있거나, 음양에 재앙이 있거나, 천지에 변괴가 있거나, 임금이 기뻐하여 지나치게 주거나, 임금이 화가 나 지나치게 빼앗으면 마땅히 간관으로 하여금 잘못된 점을 말하게 하도록 할 것이며, 벼슬아치 가운데 간사하여 바르지 않은 자가 있거나, 교만하고 사치하여 자기 마음대로 행동하는 자가 있거나, 아첨으로써 윗사람을 모시는 자가 있거나, 악랄하게 다른 사람을 모함하여 임금의 마음을 어지럽히는 자가 있거나, 세력이 강해 법을 마음대로 하는 자가 있거나, 아첨하여 임금의 총애를 받는 사람이 권력을 도둑질하거나, 탐욕스럽고 추잡한데도 염치를 닦지 않거나, 거짓된데도 충성스러움과 신뢰를 갖추려고 하지 않거나, 대신(大臣)으로서 중립만 지키고 눈치만 살피고 바라만 보거나, 지위가

---

87) 어사중승 : 어사대의 관직으로, 주로 관리의 잘잘못을 규찰하고 풍속을 바로잡는 일을 담당했다.

낮은 신하로서 해이하고 게을러 직분을 무너뜨리고 있으면 마땅히 어사로 하여금 이에 대해 진술하여 그 죄를 탄핵하도록 하게 해야 한다.

감사(監司)

감사(監司)는 마땅히 먼 곳을 직접 순시해야 한다

백성들이 외떨어지고 후미진 고을에 거주하고 있는데, 나라의 영역이 넓고 넓어 안찰(按察)[88]이 드물게 오고, 궁궐이 만 리나 멀리 떨어져 있어 가서 하소연을 하려고 해도 갈 수 없으니, 이곳의 수령 중에 탐욕스럽고 더러운 자가 있어 자신의 욕심대로 거리낌 없이 행동하게 되면 백성으로서의 삶이 도탄에 빠진 자가 자신의 하소연을 할 수 없고, 뇌물이 공공연하게 행해지면 백성의 삶이 피폐해져, 원통함과 억울함을 풀 수가 없어 백성의 뜻이 막혀버린다. 그러니 밤낮으로 실의에 빠져 감사가 한 번만이라도 와서 그 원통함을 살펴보고 풀어주기를 바라니, 감사가 된 자가 그 땅이 거칠고 멀다 하여 어찌 가지 않겠는가?

---

88) 안찰 : 직접 가서 백성들의 생활이나 수령의 근무 태도 등을 조사하고 바로잡는 관직으로, 고려 시대에는 안찰사(按察使) 또는 안렴사(按廉使)가 있었다.

현령(縣令)

• 군수(郡守)는 백성의 근본이다

손씨(孫氏)가 "대저 백성이라는 것은 나라의 근본이요, 군수와 현령은 백성의 근본이다"라고 말했다. 옛날에 바야흐로 온 세상을 제압하고 나서 천자가 벼슬을 내리고 녹봉을 나누어준 것은 신하들을 위해서가 아니라 모두 백성들을 위한 것이었다. 그러므로 성인(聖人)은 한 번 동작하는 것, 한 가지를 베풀고 설치하는 것, 한 번 명령하는 것, 한 가지의 법제라도 반드시 백성에게 근본을 두었다. 그러므로 적당한 사람을 택하여 백성들을 먹여 살리게 하되, 그 임무를 무겁게 하여 책임을 지웠으며, 자신의 권력을 빌려주어 편안하게 임무를 고수하게 했으며, 녹봉을 후하게 줌으로써 임무를 사랑하고 이롭게 여기도록 했다. 임금이 관리에게 책임 지우는 것도 한결같이 백성에게 근본을 두게 하고, 관리가 임금에게 보고하는 것도 한결같이 백성에게 근본을 두게 하면 백성은 중요한 존재가 된다. 백성이 중요해지면 군수와 현령도 중요해지며, 군수와 현령이 중요해지면 천하 국가가 중요해진다. 그러므로 군수와 현령을 가볍게 여기는 것은 백성을 가볍게 여기는 것이다. 백성이 가볍게 되면 천하 국가가 가볍게 된다. 가히 삼가지 않아서야 되겠는가?

옛날에 한(漢)나라가 군현을 제정했을 때 중요한 점을 알았다고 할 수 있으니, 군수가 들어와 삼공(三公)[89]이 되고, 낭관(郎官)[90]이 나가 백 리가 되는 고을을 맡아 다스리며, 또 간대부(諫大夫)[91]를 내보내 군의 관리로 임명하되, 다스린 효과가 있는 자는 임금의 도장을 찍은 문서로써 격려하고 금품을 하사하고 벼슬을 더해주며, 쉽게 옮기지 않다가 공경(公卿)[92]에 결원이 생기면 그중 더욱 우수한 자를 뽑아 썼다. 그러므로 한나라의 뛰어난 관리들이 이 때문에 융성해졌으니, 참으로 그 중요한 바를 알았던 것이다.

위(魏)나라와 진(晉)나라 이후에는 풍속이 더러워지고 나빠져 조정에 있는 자들을 요직(要職)이라고 하고 군현을 다스리는 자를 좌천이라고 했다. 그러므로 관리들이 많이 탐욕스럽고 잔인해져 풍속이 날로 무너졌으니, 중요

---

89) 삼공 : 대신(大臣)의 직위를 말한다. 고려 시대에는 태위(太尉), 사도(司徒), 사공(司空)을, 조선 시대에는 영의정(領議政), 좌의정(左議政), 우의정(右議政)을 삼공이라고 했다.

90) 낭관 : 조선 시대 육조(六曹)의 정랑(正郎 : 정5품)과 좌랑(佐郎 : 정6품)을 말한다. 육조 밑에 설치된 각 사(司)에서 실무 행정을 담당했다.

91) 간대부 : 임금에게 올바른 정치를 하고 잘못을 고치도록 간하는 임무를 맡은 관직이다.

92) 공경 : 삼공(三公)과 구경(九卿)을 합쳐 부르는 말로, 최고 핵심적인 지위의 관직을 말한다.

한 바를 잃은 것이다.

당나라의 실책도 또한 내직을 중요시하고 외관을 가볍게 여긴 것이다. 그러므로 내직은 항상 자주 바뀌게 되고 외관은 항상 더디게 임명되었다. 그러나 300년 동안 수령의 기풍을 심어온 자취가 오히려 명백하여 말할 만했다.

우리나라는 초기에 방진(方鎭)[93]을 없애고 줄여 군현의 직무를 중요하게 여겼으므로 백성들이 자못 휴식을 얻게 되었다. 태조께서는 군수를 선발하여 임명할 때마다 번번이 불러서 보고 위로한 후 파견했으며, 태종(太宗)[94]께서는 어질고 법을 잘 지키는 관리를 몸소 선택하여 군현에 나누어 보내 다스리게 했으며, 또한 항상 아주 잘게 손수 쓴 편지를 어전에서 30여 통씩 옥새를 찍어 파견되는 군의 관리들에게 내려주었으며, 선제(先帝)[95]께서는 힘써서 면밀하게 정치를 하셨는데, 처음으로 벼슬하는 사람 이상 모두를 조정에서 직접 보시고 남김없이 가르침을 내려주시고 친절하게 타일러 자중함으로 알게 했으니, 이는

---

93) 방진 : 주로 군사적 성격을 가진 지방의 행정단위를 말한다.

94) 태종(1367~1422) : 조선의 3대 임금으로, 본명은 이방원(李芳遠)이다. 정도전은 태종 즉위 이전에 죽었으므로, 이 구절은 뒤에 첨가된 것으로 보인다.

95) 선제 : 명나라의 태조 주원장(朱元章, 1328~1398)을 말한다.

대대로의 임금님들께서 외직을 중요시하고 내직을 가볍게 여기고 백성들을 염려하여 관리들을 가려 뽑는 데 지극한 정성을 다한 은혜인 것이다.

• 뇌물 받은 관리[贓吏]

장리(贓吏)라는 것은 사람 마음의 커다란 해충이다. 그 뿌리를 제거하여 뻗어나가지 못하게 하고, 그 가지를 쳐서 싹트지 못하게 해야, 군현에 퍼져서 가득 찬 것이 모두 염소 가죽옷에 흰 실로 다섯 곳을 꿰맨 절약이 되고,[96] 백성들을 돌보고 기르는 자에 대해 가혹한 정치가 사나운 호랑이보다 무섭다[97]는 불평이 없을 것이다.

---

96) "염소 가죽옷에 흰 실로 다섯 곳을 꿰맨다"는 것은 《시경》 〈국풍(國風)〉 '소남(召南)'에 나오는 구절로서, 관리들의 정직하고 검소한 삶을 예찬한 것이다.

97) "가혹한 정치가 사나운 호랑이보다 무섭다"는 말은 《예기》 〈단궁(檀弓) 하〉에 보이는 글이다. 공자가 태산(泰山)을 지나가는데 무덤 옆에서 울고 있는 부인을 보았다. 사연을 물어보니 시아버지, 남편이 차례로 호랑이에게 잡아먹히고 이번에는 아들까지 잡아먹혔다는 것이다. 그러면 왜 그곳을 떠나지 않느냐고 물어보니 그곳에는 가혹한 정치가 없다고 대답했다. 이에 공자는 제자들에게 "가혹한 정치는 호랑이보다 더 무서운 것이다"라고 했다.

• 관리의 폐단

서릿발처럼 품평하고 의논하는 것도 결코 두려워하지 않고, 아침저녁으로 백성을 책망하여 재물을 빼앗는 것도 매번 태연자약하여, 탐욕스러움이 이리처럼 많고 미워하고 음흉함이 사나운 짐승 같다.

탐욕하고 포악한 독을 거리낌 없이 행하며 남의 약점을 들추어내어 고발하는 풍조를 조장하여, 소송으로써 이익을 늘리는 대문을 삼으며, 감옥으로써 재물을 흥정하는 집으로 삼는다.

정해진 일정한 형벌 이외의 벌을 주면서 기분 좋아 하고, 항상 일정한 세금 중 여유분을 가로채며, 자비로우며 평온하고 단아한 것을 당장의 편안함만을 추구하는 것이라고 하며, 각박하고 참혹한 것을 판별하고 정리하는 것이라 하여, 의논이나 풍습이 날로 각박한 데로 달려가는 것은, 맑고 밝은 성스러운 때에는 마땅히 있어서는 안 될 일이다.

권7

조선경국전(朝鮮經國典) 상(上)

보위(寶位)를 바르게 함

《주역》에 "성인(聖人)의 가장 큰 보배는 위(位)요, 하늘과 땅의 가장 큰 덕은 삶[生]이니, 무엇으로서 위를 지킬 것인가? 어짊[仁]이다"[98]라고 했습니다.

천자는 천하가 받들어 모심을 누리고, 제후는 국경 안에서 받들어 모심을 누리니, 모두 부귀가 지극한 존재들입니다. 어질고 능력 있는 사람들은 자신의 지혜를 바치고, 호걸들은 자신의 힘을 바치며, 백성들은 있는 힘을 다해 각기 자신의 일에 복무하되, 오직 임금의 명령에만 따를 뿐이니, 이는 임금이 위를 얻었기 때문입니다. 그러므로 위가 가장 큰 보배가 아니면 무엇이겠습니까?

하늘과 땅은 만물에 대해 낳고 기름에서 한결같이 할 뿐입니다. 대체로 일원(一元)[99]의 기운이 서로 막힘이 없이

98) 《주역》 〈계사 하(繫辭下)〉에서 인용한 구절이다. 단 《주역》에는 "하늘과 땅의 가장 큰 덕은 삶이요, 성인의 가장 큰 보배는 위다"라고 되어 있는데, 이 문장의 순서를 바꾸어 인용하고 있다.

99) 일원 : 만물이 아직 나누어지기 이전의 처음 상태를 말한다. 원문은

돌아다니는데, 만물의 태어남은 모두 이 기운을 받아 태어난 것입니다. 어떤 것은 크고 어떤 것은 작으며, 어떤 것은 높고 어떤 것은 낮아 제각각의 형태를 가지며 제각각의 성질을 가졌습니다. 그러므로 "하늘과 땅은 만물을 생성시키는 것으로 본심을 삼는다"[100]고 했으니, 이른바 만물을 생성시키는 마음이 하늘과 땅의 가장 큰 덕이 됩니다.

임금의 지위는 높다면 높고 귀하다면 귀합니다. 그러나 천하는 지극히 넓고 만민은 지극히 많으니, 한 번이라도 그들의 마음을 얻지 못한다면 대체로 크게 우려할 만한 일이 있게 될 것입니다. 땅에 사는 백성들은 지극히 약하지만 힘으로써 위협할 수 없으며, 지극히 어리석지만 지혜로써 속일 수 없습니다. 그들의 마음을 얻으면 복종하게 되고, 그들의 마음을 얻지 못하면 떠나갑니다. 떠나가거나 쫓아오는 간격은 털끝만큼의 차이도 되지 않습니다. 그러나 이른바 그들의 마음을 얻는다는 것은 사사로운 뜻을 가지고서 구차하게 얻는다는 것이 아니며, 도리를 어기고 명예를 구함으로써 얻을 수 있는 것도 아닙니다. 역시

명나라 태조 주원장(朱元璋)의 이름에 있는 '원(元)' 자를 피하여 일원(一原)으로 쓰고 있다.

100) 이 구절은 《맹자집주(孟子集注)》 권3 〈공손축장구(公孫丑章句) 상〉에서 인용했다.

"오직 어짊으로만 가능하다"[101]고 할 수 있습니다.

임금은 하늘과 땅이 만물을 생성시키는 마음으로 자신의 마음을 삼아 다른 사람에게 차마 하지 못하는 정치[102]를 시행하여, 천하 사방의 사람들로 하여금 모두 기뻐서 임금을 부모처럼 우러르게 한다면, 오래도록 편안함과 부유함, 존귀함과 영화로움이라는 즐거움을 누릴 수 있을 것이며, 위급하여 망하게 되거나 전복되거나 추락할 걱정이 없게 될 것입니다. 그러니 위(位)를 지키는 것을 어짊으로써 하는 것이 어찌 마땅하지 않겠습니까?

삼가 생각하건대, 주상 전하께서는 하늘의 도리를 따르고 사람들의 요구에 응해서 신속하게 보위를 바르게 하셨으며, 너그럽고 착한 마음의 완전함이 어짊이라는 것과 사랑은 바로 어짊이 일으킨 바임을 아셨습니다. 이에 자신의 마음을 바르게 하여 어짊을 본받으며 자신의 사랑을 미루어 다른 사람들에게까지 미치게 하셨으니, 어짊의 본체가 확립되고 어짊의 쓰임이 행해진 것입니다. 아! 그 위

---

101) 이 구절은 《맹자(孟子)》 〈고자(告子) 하〉에서 인용했다. 맹자는 정치가가 가져야 할 가장 기본적인 자세로 명예나 실적이 아닌 어짊을 제시했다.

102) 다른 사람에게 차마 하지 못하는 정치 : 《맹자》 〈공손축(公孫丑) 상〉에 나오는 말로 어진 정치[仁政]를 뜻한다.

(位)를 보유하여 천만대까지 전해질 것을 어찌 믿지 않겠습니까?

나라의 명칭[國號]

우리나라는 그 명칭이 한결같지 않았습니다. 조선(朝鮮)이라고 한 것이 셋이니 단군, 기자, 위만입니다. 박씨 · 석씨 · 김씨가 서로 이어 신라(新羅)라 일컬었으며, 온조가 앞서 백제(百濟)라고 일컬었고 견훤도 뒤에 백제라고 일컬었습니다. 또 고주몽이 고구려(高句麗)라고 일컬었으며, 궁예는 후고려(後高麗)라고 일컬었고, 왕씨가 궁예를 대신하여 그대로 고려라는 명칭을 이어받았습니다. 모두 한 귀퉁이를 몰래 차지하고 중국의 명령을 받지 않고 스스로 나라 이름을 세우고 서로 침략했으니, 비록 나라라고 일컬은 바가 있으나 어찌 취할 바가 있겠습니까? 오직 기자(箕子)만이 주(周)나라 무왕(武王)[103]의 명령을 받아 조선후(朝鮮侯)에 봉해졌습니다. 지금 천자(天子)[104]가

103) 무왕(?~BC 1043) : 중국 주나라의 첫 번째 임금으로, 성명은 희발(姬發)이나 둘째 아들이므로 중발(仲發)이라고도 한다. 상(商)나라를 멸망시키고 중국을 통일했다.

"생각하건대, 조선이란 호칭이 아름다울 뿐만 아니라 그 유래가 오래되었다. 그 이름을 본받아 사용하고, 하늘을 본받아 백성들을 다스린다면 영원히 후손들이 번성할 것이다"고 명했습니다. 대체로 주나라 무왕이 기자에게 명령한 것으로써 전하에게 명한 것이니, 이름이 이미 바르고 말이 이미 순조롭게 된 것입니다. 기자는 무왕에게 홍범(洪範)[105]에 대해 설명하고, 그 뜻을 이어받아 8조의 가르침[106]을 지어서 나라 안에서 이를 시행하니, 정치와 교화가 매우 융성하게 시행되었고 풍속은 지극히 아름다워졌습니다. 이에 조선이라고 하는 이름이 온 천하와 후세에 이와 같이 알려진 것입니다.

지금 조선이라는 아름다운 호칭을 이미 계승했으니 기자의 선정(善政) 또한 마땅히 강구하는 바가 있어야 할 것입니다. 아! 명나라 천자의 덕망도 주나라 무왕에 비해 부끄러운 바가 없는데, 전하의 덕망 또한 어찌 기자에 비해 부끄러움이 있겠습니까? 장차 홍범의 학문과 8조의 가르

---

104) 정도전이 이 글을 쓸 당시 중국 황제인 명(明)나라 태조(太祖)를 말한다.

105) 홍범 : 중국 유교의 경전인 《서경》의 한 편명으로, 홍범구주(洪範九疇)라고도 한다. 유교의 정치철학을 설명하고 있다.

106) 기자(箕子)가 지었다는 8조 법금(法禁)을 말한다.

침이 오늘날에 다시 시행되는 것을 보게 될 것입니다. 공자(孔子)가 "내가 동쪽의 주(周)나라를 만들겠다"[107]고 했으니, 공자가 어찌 우리를 속였겠습니까?

치전(治典)

총서(揔序)

치전은 총재(冢宰)[108]가 관장하는 것입니다. 사도(司徒)[109] 이하 모두가 총재의 소속이니, 교전(教典)[110] 이하

---

107) 《논어》 〈양화(陽貨)〉에 나오는 구절로, "만일 나를 써주는 사람이 있으면 내가 (그 나라를) 동쪽의 주나라로 만들겠다"라고 되어 있다. 주나라는 이상적인 국가를 말한다. 따라서 공자는 자신을 기용하는 나라를 주나라처럼 이상적인 국가로 만들겠다고 말한 것이다.

108) 총재 : 《주례》에서는 천관(天官)을 관장하는 관직으로, 여기서는 이조판서(吏曹判書)를 말한다.

109) 사도 : 《주례》에서는 지관(地官)을 관장하는 관직으로, 여기서는 호조판서(戶曹判書)를 가리킨다. 이조판서는 이조(吏曹)만이 아니라 호조 이하 전 관원에 대한 관리·감독의 책임이 있다는 의미다.

110) 교전 : 중국 주(周)나라의 육전(六典)은 치전(治典)·교전(教典)·예전(禮典)·정전(政典)·형전(刑典)·사전(事典)으로, 교전은 치전 다음이다. 교전은 호전(戶典)을 의미하며, 따라서 총재는 치전만이 아니라 호전 이하 나머지 5전에 대해서도 관리·감독할 책임이 있

가 또한 총재의 직책입니다. 총재에 적절한 사람을 얻으면 육전(六典)[111]이 잘 시행되고 모든 관직이 잘 다스려집니다. 그러므로 임금의 직책은 한 명의 재상을 의논해 정하는 데 있다고 했으니, 바로 총재에 대해 말한 것입니다.

총재는 위로는 임금을 받들고 아래로는 백관(百官 : 모든 관료)을 통솔하고 만민(萬民 : 모든 백성)을 다스리니, 그 직책이 큽니다. 또한 임금의 자질에는 어둡고 현명하고 강하고 약한 자질 등이 있어 한결같지 않으니, 임금의 아름다운 점은 따르고 나쁜 점은 바로잡으며, 옳은 일은 임금에게 올리고 옳지 않은 일은 바꾸어 임금이 대중(大中)[112]의 영역에 들어가도록 해야 합니다. 그러므로 상(相)이라고 하니 도와서 바로잡는다는 뜻입니다.

백관은 서로 직책이 다르며 모든 백성들은 서로 직업이 다르니, 공평하게 대우하여 그들이 올바름을 잃지 않도록 해야 하며, 고르게 해서 각기 자신들의 위치를 얻을 수

다는 의미다.

111) 육전 : 조선의 법률과 정치체제는 이(吏)·호(戶)·예(禮)·병(兵)·형(刑)·공(工)의 육전을 기초로 해서 만들어졌으므로, 여기서 육전은 법률이나 정치체제를 의미한다.

112) 대중 : 지나치거나 모자람이 없는 가장 객관적이고 올바른 상태를 의미한다.

있게 해야 합니다. 그러므로 재(宰)라고 하니, 우두머리가 되어 일을 처리한다는 의미입니다.

심지어는 궁궐 안의 비밀스러운 일이나 후궁들이 임금을 모시는 일, 임금을 측근에서 모시는 신하들의 업무, 수레나 말, 의복이나 장식과 같은 좋아하는 물건, 음식을 올리는 일에 이르기까지 오직 총재만은 이를 다 알아야 합니다.

총재는 중신(重臣)이므로 임금이 예의로써 공경하게 대하는 바인데, 몸소 이처럼 작고 자질구레한 일까지 친히 한다는 것은 너무 번거로운 것 아닌가? 아닙니다. 후궁이나 임금을 측근에서 모시는 신하들은 본래 임금의 심부름에 대비한 존재들인데, 이들이 삼가지 않으면 간사하고 아첨하여 임금을 미혹하는 일이 있게 되고, 수레와 말, 의복과 음식은 본래 임금의 몸을 섬기는 것인데 절제하지 않으면 사치하여 낭비하는 일이 생기게 됩니다. 그러므로 옛 임금이 법을 만들 때 이러한 것들을 모두 총재에게 소속시켜, 그로 하여금 절제하고 한정하게 했으니, 그 생각이 원대한 것이었습니다.

대체로 임금님의 존귀함 때문에 신하들이 우러러만 보지, 임금을 바르게 하는 것은 어려운 일입니다. 지혜의 힘으로써 대항하는 것도 옳지 않고 말로써 다투는 것도 옳지 않습니다. 오직 자신의 정성을 쌓아서 임금을 감동시켜야 하고, 자신을 바르게 하여 임금을 바로잡아야 할 뿐입니다.

백관과 만민이라고 하는 많은 존재들을 한 몸으로써 다스리는 것은 또한 어렵습니다. 하나하나 귀를 잡고 가르치는 것도 불가능하고, 집집마다 다니면서 깨우쳐주는 것도 불가능합니다. 오직 사람들 중에서 어진 사람과 어리석은 사람을 판단하여 어진 사람을 등용하고 어질지 못한 사람을 물러나게 하면 여러 가지 공적이 이루어지고 백관이 다스려질 것이며, 일이 마땅한 것인지 마땅하지 않은 것인지 살펴서 이를 구분하여 처리한다면 사물들은 자신의 위치를 잡게 되고 만민은 편안해질 것입니다.

중국 송나라의 뛰어난 선비 진서산(眞西山)[113]이 재상의 일에 대해 진술하기를 "자신을 바르게 하여 임금을 바로잡으며, 사람을 잘 판단하고 일을 잘 처리하는 것"이라고 했으니, 이 말은 뜻이 깊습니다. 신의 어리석은 생각으로는 자신을 바르게 하여 임금을 바로잡는 것은 바로 치전(治典)의 근본이며, 사람을 잘 판단하고 일을 잘 처리하는 것은 치전이 말미암아 행해지는 바입니다. 그러므로 여기

113) 진서산 : 중국 송(宋)나라의 유학자 진덕수(眞德秀, 1178~1235)를 말한다. 서산은 그의 호다.

에서 아울러 이를 진술합니다.

관제(官制)

임금은 천공(天工)[114]을 대신해 하늘의 백성을 다스리니, 혼자만의 힘으로는 이를 할 수 없습니다. 이에 관직을 설치하고 직책을 나누어 전국에 넓게 펴고, 어질고 능력 있는 선비를 널리 구하여 이를 같이하게 했습니다. 이것이 관제를 만든 이유입니다.

삼가 생각하건대, 우리 전하께서는 즉위 초에 먼저 유신(儒臣)들에게 명령해 역대의 제도를 조사해 채택하고, 전 왕조(고려)의 옛 제도를 참작하여 관부를 건립하고 그 명칭을 제정하게 하셨습니다. 대체로 번거로운 것을 줄이고 쓸데없는 것을 없애 간소하고 중요한 것만을 좇으려고 했으나, 유신(維新)하는 날을 맞아 초창기이고 다시 고쳐 시작하는 때였으므로 미처 겨를을 내지 못해 미치지 못했습니다.

그러나 고려에는 이미 군기감(軍器監)[115]이 있는데도 또 방어도감(防禦都監)[116]을 두었고, 이미 선공감(繕工

114) 천공 : 하늘이 사람들을 다스리는 직무를 말한다.

115) 군기감 : 병기의 제조 등을 맡은 관청이다.

監)[117]이 있는데 또 조성도감(造成都監)[118]을 두었는데 지금 모두 폐지했습니다. 이른바 도감(都監)이라고 하는 것은 그 직무를 본래의 관청으로 귀속시켜 이름에 따라 실제 업무를 책임지도록 했습니다.

내승(內乘)[119]을 폐지해 사복(司僕)[120]에 합치고, 내주(內廚)[121]를 폐지해 사선(司膳)[122]에 합쳤는데, 대체로 이는 전하께서 자신에 대한 봉양을 줄인 것입니다. 내시부(內侍府)[123]와 액정서(掖庭署)[124]를 설치한 것은 유품

---

116) 방어도감 : 병기의 제조와 관리 등 군사적 목적을 위해 고려 후기에 설치한 임시 관청이다. 업무가 군기감과 중복되었다.

117) 선공감 : 토목공사와 건축 및 수리를 담당하던 관청이다.

118) 조성도감 : 궁궐 건축 등의 특별한 건축이나 토목공사가 있을 때 설치되던 임시 관청이다.

119) 내승 : 고려 후기에 왕실의 말[馬]을 관리하기 위해 설치되었지만, 국왕의 호위 등을 맡으면서 권력기관이 되었다. 폐지되어 사복시(司僕寺)에 합쳐졌다.

120) 사복 : 사복시(司僕寺)를 말하며, 왕실의 말이나 가마, 목장 등을 관리했다. 조선왕조에서는 태조 즉위 후 관제 정비 때 바로 설치되었다.

121) 내주 : 임금에게 올리는 음식을 준비하던 관청이다.

122) 사선 : 사선서(司膳署)를 말하며, 임금에게 올리는 음식을 담당하던 관청이다.

123) 내시부 : 환관들의 관청으로, 궁궐 내의 음식물 감독, 왕명 전달, 궁궐 문의 수직 등 궁궐 안의 모든 잡무를 담당했다.

(流品)[125]을 구별하기 위한 것입니다.[126] 이러한 것들로 미루어 보건대, 전하께서 관제(官制)를 개정한 아름다운 뜻을 가히 알 수 있습니다.

중앙에서는 임금을 보좌하는 재상의 관부를 두어 문하부(門下府)라 했고, 회계를 담당하는 것을 삼사(三司), 군사 문제를 기본으로 하는 것을 중추원(中樞院), 문한(文翰)을 관장하는 것을 예문춘추관(藝文春秋館), 풍속상의 규율을 주관하는 것을 사헌부(司憲府)라 했습니다. 육조 및 그 외의 여러 관서들이 각기 맡은 바 사무에 따라 거행하는 것은 그 직임의 요점에 따라 별도로 언급하겠습니다.

지방에서는, 감사(監司)를 도관찰출척사(都觀察黜陟使)라 했고, 수령은 목사(牧使), 도호부사(都護府使), 지관(知官), 현령(縣令), 감무(監務)라 했습니다. 대체로 감사

---

124) 액정서 : 내시부(內侍府) 소속의 잡직(雜職) 관청이다. 내시부 소속이므로 환관들의 관청이며, 왕명의 전달, 궁궐 문의 열쇠 관리, 궁궐 내 정원 관리 등을 담당했다.

125) 유품 : 정1품부터 종9품까지의 18등급의 품계를 말한다. 이 품계 안에 들어가는 것을 유내(流內), 못 들어가는 것을 유외(流外)라고 한다.

126) 문무 양반들은 정1품부터 종9품까지의 품계를 가지며, 이러한 품계에 맞게 관직에 임명되었다. 환관들은 문무 양반과 구별되며, 따라서 문무 양반과 구별되는 환관들이 임명되는 관청을 별도로 설치해 관리한다는 의미다.

는 풍속을 규찰하는 임무이고 수령은 백성을 가까이하는 관리이니, 수령이 어진가 또는 그렇지 않은가에 백성들의 기쁨과 근심이 달려 있습니다. 감사는 파면시키거나 승진시키는 법을 시행하므로, 수령은 이에 의해 장려되거나 징계를 받습니다. 국왕을 시종하는 낭관(郎官)을 교대해 가며 수령으로 삼는 것은 그 선발을 신중하게 하기 위한 것입니다. 그러므로 이를 관제의 끝에다가 붙입니다.

관리가 됨[入官]

천하 국가를 다스리는 핵심은 사람을 쓰는 데 있을 따름입니다. 옛날에 사람을 쓰는 자는 사람을 기르는 것을 평상시에 하고, 사람을 선택하는 것을 매우 정밀하게 했으므로, 관리로 들어가는 길이 좁고 재임하는 기간이 길었습니다. 생각하건대, 사람을 기르는 것을 평상시에 했으므로 인재가 만들어졌고, 선택하는 것을 정밀하게 하여 관리로 들어오는 길이 좁았으므로 요행을 바라고 함부로 나오는 마음이 없게 되었으며, 재임하는 기간이 길었으므로 어질고 능력 있는 사람이 자신의 재주를 발휘해 공로가 이루어질 수 있었습니다.

후세에는 위에 있는 사람이 그 교육하고 기르는 도리를 상실했으므로 인재의 성취는 하늘이 부여한 자질의 높고 낮음에서 벗어나지 못했고, 관리로 등용하는 것도 혹은 임금의 사사로운 은혜에 의하거나, 혹은 재상이 이끌어주는 것에 의하거나, 혹은 병졸 중에서 선발되거나, 혹은 도필리(刀筆吏)[127]에서 나오거나 했습니다. 그러나 이러한 것들은 오히려 말할 만하지만, 재물을 모은 자는 뇌물을 써서 관직을 구하고, 자녀를 치장하여 혼인을 통해 관직을 얻으니, 어떻게 인재를 택할 수 있겠습니까? 관리로 들어가는 길이 또한 넓어져, 재주 없는 자들이 섞여서 관직에 나가고, 관직을 구하는 데 싫증을 모르고, 무턱대고 교양 없이 어지럽게 날뛰며 날마다 관직이 뛰어오르는 데만 뜻을 두었습니다. 그런데도 임금이나 재상이 된 자는 또한 다투어 관직에 나가려는 많은 사람들의 마음을 이겨내지 못하고, 저 사람의 관직을 빼앗아서 이 사람에게 주고, 아침에 벼슬을 내렸다가 저녁에 파직하는 등 도리어 구차하고 임시변통의 방법만을 계책으로 삼느라 날마다 넉넉지 못하니, 재임하는 기간이 길고 짧은 것은 말할 겨를조차 없습니다. 비록 어질고 지혜로운 선비가 있어도 또한 어찌 자신의 재주를 펼쳐 공적을 이룰 수 있겠습니까? 비유하자면, 만 길

127) 도필리 : 죽간(竹簡)에 잘못 기재된 글자를 칼로 긁어 수정하는 작업을 담당하는 관리라는 말로, 문서 작성 등을 담당하는 하급 관리인 이속(吏屬)을 달리 이르는 말이다.

높이의 제방이 날마다 많은 물이 들어오는 것을 모두 받아들일 수 없다면, 그 형세는 반드시 제방을 무너뜨려 사방으로 범람한 뒤에야 그칠 것이니, 국가도 따라서 망할 것입니다. 이를 말하자니 한심스러울 따름입니다.

생각건대, 과거제도 한 가지 일만은 《주례》 빈흥(賓興)[128]의 뜻과 거의 같게 해야 합니다. 그러나 사장(詞章)[129]으로 시험을 보면 겉만 꾸며 화려하고 실속이 없는 무리들이 그 사이에 끼어들게 되고, 경사(經史)[130]로 시험을 보면 세상 물정 모르고 편협한 선비가 간혹 있게 된 것이 수(隋)나라 · 당나라 이래의 일반적인 폐단이었습니다.

생각건대, 우리 주상 전하께서는 즉위 초에 통치의 기본을 세우고 기강을 펼쳤으며, 모든 일에 옛 제도를 모범으로 삼았는데, 사람을 쓰는 도리에 있어서는 특히 주의하여 인재는 기르지 않을 수 없다고 생각하셨습니다. 이에 중앙에는 성균관과 부학(部學)[131]을, 지방에는 주군(州

128) 빈흥 : 중국 주 대(周代)의 관리 선발 방식으로, 어질고 능력 있는 선비를 국가에 천거하게 해 관리로 삼던 제도다.

129) 사장 : 문장(文章)과 시부(詩賦)를 말하는 것으로, 주로 글을 짓는 문학적 능력을 의미한다.

130) 경사 : 《논어》를 비롯한 유교 경전과 《사기(史記)》와 같은 사서(史書)를 말한다.

郡)에 향교(鄕校)를 설치해 각기 교수와 생원을 두고 그 녹봉을 넉넉하게 주도록 했습니다.

3년마다 한 번씩 대비(大比)[132]를 했는데, 경학(經學)으로 시험하여 경학에 밝고 행실이 닦여진 정도를 살펴보고, 부(賦)·논(論)·대책(對策)으로 시험하여 문장과 통치의 재능을 살펴보았습니다. 이것이 문과(文科)입니다.

장수와 재상, 대신은 모두 백성들에게 공로와 덕망이 있고, 그 자손은 또한 가정의 가훈을 이어받아 예의의 방도를 잘 알고 있으니, 모두 국정에 참여할 만하다고 생각하셔서 문음(門蔭)을 두셨습니다.

군대는 국가가 항상 갖추어야 할 것이므로 무예를 익히지 않을 수 없다고 생각하셨습니다. 그러므로 훈련관(訓鍊觀)을 설치해 병법과 전투의 진법(陣法)을 가르치게 하셨습니다.

공문서, 회계, 돈과 곡식, 토목공사에 관한 일, 물품 공급과 손님 응대에 대한 절차를 익히지 않을 수 없다고 생

---

131) 부학 : 수도인 한성부(漢城府)의 5부(部)에 설치한 학당(學堂)이다.

132) 대비 : 과거 시험을 의미하기도 하고 3년마다 한 번씩 시행하는 관리의 성적 평가를 의미하기도 한다. 여기서는 과거 시험의 의미로 쓰였다.

각하여 이학(吏學)을 두셨습니다.

통역은 사신이 임금의 명령을 받들고 중국과 통하기 위한 것이고, 의학은 질병을 치료해 일찍 죽는 것에서 구제하기 위한 것이며, 음양과 점은 혐의를 해결하고 망설이고 주저하는 일을 결정하기 위한 것입니다. 이에 역학(譯學)과 의학, 음양복서학(陰陽卜筮學)을 설치하고 각기 그 과목을 두었으니, 사람을 기르는 것이 가히 지극하다고 할 만하며, 사람을 선발함이 가히 정밀하다고 할 만합니다.

7과(科)[133]에 들지 않는 자는 함부로 관직에 나갈 수 없을 뿐만 아니라 담당 관청 또한 법으로써 이를 제지하고 있으므로 관직에 들어가는 길이 좁습니다.

또 관제를 정하여 1품부터 9품까지 정(正)과 종(從)으로 나누어 18급(給)으로 하고, 매 1급마다 2자(資)로 나누었습니다. 15개월이 되면 1자(資)를 매기고, 30개월이 되면 1급을 올려주니, 재임하는 기간이 또한 길지 않습니까?

재주와 학문, 도덕이 국정을 돕는 데 충분하거나 무용과 전략이 삼군을 통솔하는 데 충분해서, 임금이 특별히 명령을 내려 임용하는 자는 자격의 구애를 받지 않습니

---

133) 앞서 설명한 문과(文科), 문음(門蔭), 무과(武科), 이과(吏科), 역과(譯科), 의과(醫科), 음양복서과(陰陽卜筮科)를 말한다.

다. 그러나 지금은 즉위 초로 여러 가지 일들이 처음 시작되는 때라서, 나라를 위해 공로를 세운 친구 가운데서도 아직 관직에 임명되지 않은 사람이 있습니다. 그런데 전쟁이 바야흐로 일어나고 있어서 갑옷과 투구를 갖춘 무사가 마땅히 먼저 임명되어야 하므로, 만들어진 법이 아직 다 거행되지 못하고 있습니다. 그러므로 제가 여기에 이를 기록하여, 뒷사람들로 하여금 만들어진 법이 있어 유지하고 지킬 바가 있음을 알게 하려고 합니다.

이(吏)의 임명

이(吏)는 관부의 일을 담당하고 있는 자입니다. 중국 한(漢)나라 법에는 한 가지 경서(經書) 이상을 통과한 자를 이에 임용할 수 있다고 했으며, 경(卿)이나 재상, 수령이 이에서 나온 경우도 많았습니다. 당나라의 이를 임용하는 법은 비록 한나라에 미치지 못했지만, 시험한 후에 임용했으므로 또한 공문서와 회계의 계산을 능통하게 잘 했으며, 물품 공급과 나아가고 물러서는 예절에 익숙하여 관부가 잘 다스려졌습니다.

고려왕조의 이를 임용하는 법에는 두 가지가 있었으니, 이른바 삼도감(三都監)과 삼군(三軍)의 녹사(錄事),[134] 도평의사사(都評議使司)의 지인(知印)[135]과 선차(宣差)[136]

는 모두 선비로써 임명했고, 연리(掾吏), 전리(典吏), 서리(書吏), 영리(令吏), 사리(司吏)[137] 등은 각기 그 관청의 높고 낮음에 따라 양갓집의 자제(子弟)로서 충당했습니다. 그러나 시험해 임용하는 법이 없고, 본인의 자천을 들어주는 것이었습니다. 전쟁이 일어난 이후로 관직에 들어오는 길이 많아져, 스스로 이가 되고자 자천하는 자 또한 적어졌습니다. 관부에서 이를 구하고자 하나 구할 수 없어, 그사이에 상스럽고 좀스러우며 어리석고 도필(刀筆)을 잡을 줄도 모르는 자가 혹은 이로 있기도 했습니다.

우리나라에서 비로소 이조(吏曹)에 명령하여 시험해 임명하는 법을 의논하게 하고, 본인의 가계 및 율(律) · 문(文) · 서(書) · 산(算)을 살펴보아 이로 임용할 수 있게 했습니다. 법 자체는 좋으나 유능한 사람을 뽑을 수 있는가

134) 녹사 : 고려 때 각 관청에 소속된 7품 이하의 관리를 말하며, 주로 실무 행정을 담당했다. 조선에서는 아전의 관직으로 되었다.

135) 지인 : 고려 말기 창왕(昌王) 때 도평의사사에 두어진 하급의 실무 행정 관료다. 모두 20명이며, 그중 10명은 중앙에서 일을 보았다.

136) 선차 : 도평의사사의 지인(知印) 20명 중 10명은 선차라고 하여 지방과의 연락 업무 등을 담당했다.

137) 연리, 전리, 서리, 영리, 사리 : 각 관청에서 문서 수발 등의 행정 업무를 담당하던 중간 계층이다. 조선 시대에 들어와 모두 전리(典吏)로 불리게 되었다.

의 여부는 담당 관청에 달려 있을 뿐입니다.

군관(軍官)

옛날에 대국(大國)에는 3경(卿)이 있었으니, 사도(司徒)는 백성을 주관하고, 사마(司馬)는 군대를 주관하며, 사공(司空)은 토지를 주관했습니다. 평상시에는 각기 자신의 직책을 지켰으나, 유사시에는 3경이 모두 나가 장수가 되었습니다. 그러므로 대국에는 삼군이 있고, 군의 장수는 모두 경이었다고 했습니다. 나누었다가 합치고, 분리시켰다가 귀속시켰으니 옛 임금의 생각이 원대한 것이었습니다.

대체로 재상은 통솔하지 않는 바가 없지만, 군사기밀[軍機]과 같은 중대한 일은 반드시 묘당(廟堂)[138]으로 하여금 알게 했으니, 체통을 보존하게 하기 위한 것이었습니다. 긴 창과 큰 칼은 비록 선비가 잘 다룰 수 있는 것은 아니지만, 계책을 결정하여 승리하는 것은 또한 병법을 깊이 아는 사람을 기다린 연후에야 헤아릴 수 있는 것입니다.

우리나라에서는 당나라의 부병(府兵) 제도를 가감하여

---

138) 묘당 : 재상들이 모여 회의하는 기구를 말한다. 조선시대에는 일반적으로 의정부(議政府)를 지칭했다.

10위(十衛)를 세우고, 매 1위마다 5령(領)을 거느리게 했으며, 상장군부터 장군에 이르기까지, 중랑장부터 위정(尉正)에 이르기까지 의흥삼군부(義興三軍府)139)에서 통솔하게 했습니다. 재상으로 하여금 의흥삼군부의 판부사(判府事), 10위의 판위사(判衛事)가 되도록 하여, 중요한 관직이 덜 중요한 관직을 거느리게 하고 작은 관직이 큰 관직에 소속되게 했으니, 체통이 엄격하다고 할 수 있습니다.

각 도(道)에는 절제사(節制使)를 두고, 그 주군(州郡)의 군사가 차례대로 서울로 올라와 숙위(宿衛)하게 했으니, 중앙과 지방이 서로 유기적인 관계가 되도록 하려는 뜻이며, 이들 주군에서 올라온 군사를 의흥삼군부의 진무소(鎭撫所)에 소속시켰으니 중앙이 지방을 거느리게 하려는 뜻입니다. 의흥삼군부에서 통솔하는 10위, 50령의 벼슬의 등급과 차례, 절제사 이하 진무(鎭撫)와 병마(兵馬)의 호칭에 대해서는 자세하게 책에다 적겠습니다.

돈과 곡식(錢穀)

돈과 곡식은 대체로 국가의 상비품이며, 백성의 목숨

---

139) 의흥삼군부 : 조선 태조 2년(1393) 기존의 삼군도총제부(三軍都摠制府)를 개칭해 만든 조선 최고의 군사 기관이다.

이 걸린 것입니다. 그러나 이것을 백성들한테 거두는 데 일정한 규칙이 없고 이를 쓰는 데 일정한 법이 없으면, 함부로 거두는 것이 많아져 백성들의 생활이 괴로워지고 낭비가 커져 국가의 재정이 고갈됩니다. 그러므로 국가를 다스리는 사람은 걱정하지 않을 수 없는 것입니다.

주공(周公)은 《주례》를 지어서, 사도는 돈과 곡식의 수입을 맡게 하여 그 수량을 상세하게 알도록 했고, 총재는 그 지출하는 명령을 맡게 하여 헛되게 낭비하지 못하게 했습니다. 이를 통해 그 수입을 헤아려 지출하여 3년마다 1년간의 저축이 있게 했으므로, 30년간을 통틀어 계산하면 9년간의 저축이 있게 되니,[140] 비록 기근이나 전쟁의 변고가 있더라도 근심이 되지 않을 것입니다.

중국 한나라에서는 대사농(大司農)[141]이 이를 맡게 했고, 당나라는 탁지사(度支使)[142]가 맡게 했으니, 백성에게

---

140) 3년마다 1년의 저축이 있게 되면 30년간으로 계산하면 10년의 저축이 있게 된다. 그런데 《삼봉집》 원문에는 9년간의 저축으로 되어 있다.

141) 대사농 : 돈과 곡식 등 국가 재정을 담당하게 하기 위해 중국 한(漢)나라에서 설치한 관직이다. 호조판서(戶曹判書)와 같은 역할을 했으므로, 호조판서의 의미로 쓰이기도 했다.

142) 탁지사 : 중국 당나라에서 재정 담당 업무를 위한 관직으로 설치되었다.

거두는 조세나 조운의 수량, 진상(進上)·제사·연회의 비용, 군대에서 소비되는 수요 등에 대해 재상이 된 사람은 소외되어 알 수 없었습니다. 그리고 이 중요한 이권(利權)을 하나의 관서나 한 명의 관리에게 맡겨 그때그때 경영하고 구비하게 함으로써, 여러 가지 방편으로 구하고 힘써서 겨우 한때의 비용은 구할 수 있었으나, 만약 뜻밖의 변고가 있으면 국고가 텅 비는 곤궁함을 면하지 못했으니 또한 가소로운 일이었습니다.

우리나라에서는 삼사(三司)[143]로 하여금 돈과 곡식의 수입되는 수량을 맡게 하고, 그 지출은 도평의사사의 명령을 받아 시행하게 했으니, 대체로 《주례》가 남긴 뜻에서 얻은 바입니다. 돈과 곡식의 소재는 관련된 직무에 따라 적어 그 경비의 수량을 나타내려 합니다.

부전(賦典)

총서(摠序)

부(賦)라는 것은 군국(軍國)에서 요구되는 물자 모두

143) 삼사 : 돈과 곡식의 회계 출납을 담당하던 관청이다.

를 가리키는 말입니다. 나누어 말하면, 나라에서 쓰이는 것을 돈과 곡식[錢穀]이라고 합니다. 그러므로 치전(治典)에서 출납의 조목에 대해 매우 상세하게 이야기했습니다. 백성들에게서 거두는 것을 부(賦)라고 합니다. 그러므로 여기에서는 그것이 나오는 조목을 이야기하겠습니다.

주군(州郡)과 판적(版籍)[144]은 부가 나오는 바탕이고, 경리(經理)는 부를 관리하는 것이며, 농상(農桑)[145]은 부의 근본입니다. 부세(賦稅)는 부를 바치는 것이고, 조운(漕運)은 부를 수송하는 것입니다. 소금과 철, 산장(山場)과 수량(水梁), 공업세, 상업세, 선박세는 부를 보조하는 것입니다. 상공(上供),[146] 국용(國用), 녹봉(祿俸), 군자(軍資), 의창(義倉), 혜민전약국(惠民典藥局)이라는 것은 부가 쓰이는 것이며, 견면(蠲免)[147]이라는 것은 부의 너그러움입니다.

---

144) 판적 : 토지나 백성에 관한 내용을 기록한 장부를 말한다. 토지대장이나 호적 등이 판적에 포함된다.

145) 농상 : 농업과 양잠이다. 상(桑)은 뽕나무로, 누에를 길러 비단을 생산한다는 의미로 쓰였는데, 나아가 옷감을 생산하는 직조 활동 전반을 의미하게 되었다.

146) 상공 : 왕실에서 필요로 하는 경비를 말한다.

147) 견면 : 세금을 줄여주거나 면제해 주는 것을 말한다.

부가 나가는 바를 알면 백성들의 생활을 두터이 하지 않을 수 없고, 주군(州郡)을 제대로 다스리지 않을 수 없으며, 판적을 자세하게 하지 않을 수 없습니다. 부가 관리되는 바를 알면 경리를 올바르게 하지 않을 수 없습니다. 부가 수송되는 바를 알면 백성의 힘을 피곤하게 할 수 없고, 조운을 강구하지 않을 수 없습니다. 부의 근본을 알면 농상을 중요하게 여기지 않을 수 없으며, 부의 보조되는 바들을 알면 과정(課程)[148]을 만들지 않을 수 없습니다. 부가 쓰이는 바를 알면 출납을 절제하지 않을 수 없으며, 부의 너그러운 바를 알면 백성들의 재산을 모두 거두지 못할 것입니다.

그러나 토지가 있고 사람이 있은 연후에야 가히 그 부를 얻을 수 있으며, 덕망이 있은 연후에야 가히 그 부를 보존할 수 있습니다. 《대학(大學)》의 전(傳)에 "덕망이 있으면 이에 사람이 있게 되고, 사람이 있으면 이에 토지가 있게 되며, 토지가 있으면 이에 재산이 있게 되고, 재산이 있으면 이에 쓰임이 있게 된다"고 했습니다. 저 정도전은 이 때문에 덕망을 부전(賦典)의 근본으로 생각합니다.

148) 과정 : 물품에 관한 세금이란 뜻으로, 토지나 백성들에게 직접 부과되는 세금 이외의 여러 가지 잡세를 말한다.

주군(州郡)

서울은 사방의 근본입니다. 서울 근처의 군(郡)은 부역을 바치고 왕실을 지키니, 서울을 보좌하는 지역입니다. 멀리 있는 주군은 별처럼 펼쳐져 있고 바둑돌처럼 넓게 깔려 있으면서, 모두 그 노동력을 내어 국가의 부역에 이바지하고 세금을 내어 공적인 쓰임에 이바지하고 있으니, 왕실의 울타리가 아닌 것이 없습니다.

우리나라에서는 전 왕조인 고려 왕씨의 옛 제도를 이어받아 그대로 따르기도 하고 바꾼 바도 있습니다. 경기(京畿)는 좌도와 우도로 나누었으며, 나라의 남쪽을 양광도(楊廣道), 그 바깥쪽을 경상도(慶尙道)와 전라도(全羅道)라고 했습니다. 서쪽은 서해도(西海道), 동쪽은 교주강릉도(交州江陵道)라고 했으며, 도에는 감사(監司)를 두어 도관찰출척사(都觀察黜陟使)라고 했습니다. 동북쪽은 동북면(東北面), 서북쪽은 서북면(西北面)이라고 하고, 감사를 두어 도순문사(都巡問使)라고 했습니다. 감사는 교화 정치를 널리 시행하고, 돈과 곡식 · 형벌 · 군대에 관한 일을 총괄합니다. 주(州) · 부(府) · 군(郡) · 현(縣)에는 각기 수령을 두었습니다. 영토가 정비되고 다스려지는 것이 매우 가지런한 것과 임금의 덕망 있는 정치가 수행되는 것을 가히 볼 수 있습니다.

판적(版籍)

나라가 가난한지 부유한지는 백성이 많고 적은 데 달려 있으며, 부역의 균등은 백성 수를 제대로 파악하는 데 있습니다. 그러므로 백성을 다스리는 직책을 맡은 사람이 조세를 낮추어 백성들이 넉넉하게 살도록 해서 인구가 불어나도록 하며, 백성들을 위로하여 따라오도록 하고 편안하게 살도록 해서 그 거처를 보호하면 백성들이 가히 많아지게 될 것입니다. 그 호구를 등록하여 늘어나고 줄어드는 것을 헤아리면 백성들의 수를 파악할 수 있게 되며, 인구를 조사하여 장정의 수를 계산하고 그 등급에 따라 세금을 부과하면 부역이 균등하게 될 것입니다. 대체로 이와 같이 하면 위에서는 일이 이루어지고 아래에서는 소란스럽지 않을 것이며, 나라는 부유해지고 백성은 편안해질 것입니다.

고려 말기에는 백성들의 재산을 제대로 다스리지 못했습니다. 조세를 낮추어 백성들이 넉넉하게 생활하도록 하는 도리를 잃자 인구가 늘어나지 못했으며, 편안하게 살도록 하는 방도가 없게 되자 혹은 굶주림과 추위에 죽기도 했습니다. 호구는 날마다 줄어드는 방향으로 나아가고, 남아 있는 사람들은 부역의 괴로움을 견디지 못하고 좌절하여 세력 있는 부잣집으로 들어가거나 권력자에게 의탁

하기도 했습니다. 혹은 장인이나 상인이 되기도 하고 혹은 도망쳐 승려가 되기도 하여, 진실로 전 인구 중 10분의 5~6을 이미 잃어버렸는데, 공노비나 사노비, 사원의 노비가 된 자는 또한 그 숫자에 포함시키지도 않은 것입니다. 다행스럽게 이름이 호적에 올라 있는 백성이라고 하더라도, 또한 가장(家長)이 숨기거나 간악한 관리가 차지한 바가 되어 한 집의 가족이 모두 호적에 오른 것은 아니었으니, 백성의 수를 어찌 제대로 파악할 수 있으며 부역이 어떻게 균등해질 수 있겠습니까? 한 번이라도 세금을 거둘 일이 있으면 기한을 사정없이 급박하게 하여 매질하면서 이를 따르게 하니, 일은 미처 이루어지지 못하고 백성들은 그 괴롭고 소란스러운 상황을 이기지 못하여, 나라는 더욱 가난해지고 백성은 더욱 고통스러워졌습니다.

생각건대, 우리 전하께서는 즉위하신 초에 담당 관청에 백성들을 편하게 해주는 방안을 강구하라고 명령하시고, 전국에 교서를 내려 백성들의 수를 등록하게 하여 호(戶)가 몇, 인구가 몇인지를 파악하셨으니, 정치의 근본을 아신다고 할 수 있습니다. 그러나 담당 관청의 능력이 있고 없음이 동일하지 않아 명령을 받들어 시행하는 데 혹 불충분한 것이 있으니, 그 사이에 어찌 누락된 숫자가 없겠습니까? 그러나 시행하는 시간이 길어지면 제대로 파악할 수 있을 것입니다.

대체로 임금은 나라에 의지하고 나라는 백성들에게 의지하는 것이니, 백성은 나라의 근본이며 임금의 하늘입니다. 그러므로《주례》에서는 백성의 수를 임금에게 바치면 임금은 절을 하고서 이를 받았으니, 그 하늘을 소중히 여겼기 때문이었습니다. 임금이 된 사람이 이 뜻을 안다면 백성을 사랑함이 지극하지 않을 수 없게 될 것입니다. 그러므로 저 정도전은 판적 편을 지으면서 이를 함께 말하는 것입니다.

경리(經理)

옛날에 토지는 관(官)에서 소유하고 이를 백성에게 주었으니, 백성들이 경작하는 토지는 모두 관에서 받은 토지였습니다. 하늘 아래의 백성으로서 토지를 받지 않은 자가 없고, 경작하지 않는 자가 없었습니다. 그러므로 가난함과 부유함, 강하고 약함의 차이가 서로 심하지 않았으며, 그 토지에서 나오는 생산물도 모두 국가에 들어갔으므로 국가 또한 부유했습니다.

토지제도가 무너진 이래로 세력이 강한 자들이 겸병할 수 있게 되어 부자는 토지가 밭두렁의 길로 연결될 정도로 많고, 가난한 자는 송곳 꽂을 땅도 없게 되었습니다. 그러므로 부자의 토지를 빌려서 경작하느라 1년 내내 부지런히 고생해 일하지만 식량은 도리어 부족하며, 부자는 편안히 앉아서 스스로 경작하지 않고 소작인을 부려도 수확량의 태반을 수입으로 먹었습니다. 국가에서는 팔짱을 끼고 구경만 하며 그 이익을 얻지 못하니, 백성들은 더욱 괴로워지고 나라는 더욱 가난해졌습니다.

이에 한전제(限田制)나 균전제(均田制)를 실시하자는 이야기가 일어났습니다. 이것은 당시의 사정에 맞춘 임시방편의 계책에 불과했지만, 또한 백성들의 토지를 바로잡아 백성에게 주어 경작하도록 하는 것이었습니다. 당나라의 영업전(永業田)[149]이나 구분전(口分田)[150]도 또한 인구수를 계산해 토지를 주어 스스로 경작하도록 하고, 그 토지의 조세를 받아서 국가의 비용으로 삼았습니다. 그러나 학식 있는 사람들은 그 토지제도가 올바르지 않다고 비판했습니다.

전 왕조 고려의 토지제도에는 묘예전(苗裔田),[151] 역

---

149) 영업전 : 중국 당나라에서 왕실 사람들, 관료, 공로자들에게 지급된 토지로, 세습이 허락된 토지다.

150) 구분전 : 중국 수나라와 당나라에서 실시한 균전제에서, 농민들에게 지급되었으나 세습이 허락되지 않은 토지를 말한다.

151) 묘예전 : 왕의 후손에게 지급한 토지다.

분전(役分田),[152] 공음전(功蔭田),[153] 등과전(登科田),[154] 군전(軍田),[155] 한인전(閑人田)[156]이 있어서 그 토지의 조세수입을 받아서 먹게 했는데, 백성들이 경작하는 바는 그들이 스스로 개간하여 점유하는 것을 인정해 주고 관(官)에서는 관여하지 않았습니다. 그러므로 노동력이 많은 사람은 넓게 개간하고 세력이 강한 사람은 많이 점유했으며, 노동력이 없고 약한 사람은 또 강하고 힘이 있는 사람을 좇아가 땅을 빌려서 경작하고 그 소출의 반을 나누었습니다. 이것은 경작하는 사람은 하나인데 먹는 사람은 둘이 되는 것입니다. 이에 부자는 더욱 부자가 되고 가난한 사람은 더욱 가난해져서 스스로 존립할 길이 없게까지 되어, 농토를 떠나 놀고먹는 사람[游手]이 되거나 직업을 바꾸어 상공업과 같은 말업(末業)에 종사하거나, 심한 경우에는

152) 역분전 : 고려 태조 23년(940) 후삼국 통일에 공로를 세운 관료나 군인들에게, 충성도와 공적에 따라 수조권(收租權)을 지급한 토지다.

153) 공음전 : 5품 이상의 관료에게 지급되던 토지다.

154) 등과전 : 과거에 급제한 사람에게 지급되던 토지다.

155) 군전 : 군인들에게 지급되던 토지다.

156) 한인전 : 한인(閑人)에게 지급되던 토지다. 한인에 대해서는 6품 이하의 관리와 그 자손이라는 설과 직업군인이지만 아직 군대에 징발되지 않은 존재라는 설이 있다.

도적이 되기도 했습니다. 아! 그 폐단을 어찌 이루 다 말할 수 있겠습니까?

토지제도가 붕괴된 것이 더욱 심해지게 되자, 세력가들이 서로 토지를 겸병하여 한 사람이 경작하고 있는 토지에 그 주인이 어쩔 때는 7~8명에 이르고, 바쳐야 할 조세를 나를 때에는 사람과 말에 대한 접대, 강제로 물품을 사달라고 하는 요구를 들어주어야 하는 것, 노잣돈, 조운(漕運) 비용이 또한 진실로 그 조세의 가격보다 단지 몇 갑절에 그치는 것이 아니었습니다. 높은 사람과 낮은 사람이 교대로 조세를 거두고, 일어나 힘을 겨루어서 다투어 빼앗으니, 재앙과 난리가 따라서 발생하고 끝내는 나라를 망하게 하는 데까지 이르렀습니다.

전하께서는 왕위에 오르시기 전에 몸소 그 폐단을 보시고 분개하여 사전(私田)을 없애는 것을 본인의 임무로 생각하셨습니다. 대체로 국가 안의 토지를 모두 거두어서 국가에 귀속시키고 백성의 숫자를 헤아려 토지를 나누어 줌으로써, 예전의 올바른 토지제도를 복구하려고 하셨습니다. 그러나 당시의 구가세족(舊家世族)들이 자신들에게 그것이 불편하다고 해서 입을 모아 헐뜯고 원망하면서 여러 가지 방법으로 훼방하여, 이 백성들로 하여금 이상적으로 지극히 잘 다스려진 정치[至治][157]의 혜택을 입지 못하도록 했으니, 가히 한탄을 금할 길이 없습니다.

그러나 두세 명의 뜻을 같이한 대신(大臣)들과 함께 전대의 법을 조사하여 알아보고 오늘날의 마땅함을 참작하여, 국내의 토지를 측량하고 전체 토지 면적[結]의 합계를 알아내서, 그중 얼마는 상공전(上供田),158) 국용전(國用田), 군자전(軍資田), 문무역과전(文武役科田)으로 분배하고, 한량(閑良) 중에 서울에 거주하며 왕실을 호위하는 자, 과부 중에 수절하는 자, 향리(鄕吏), 역리(驛吏), 진도(津渡 : 나루)의 이(吏), 그리고 서민과 공장(工匠)에 이르기까지 진실로 공적인 의무[公役]를 지고 있는 자에게는 또한 모두 토지를 주었습니다. 백성들에게 토지를 지급한 것이 비록 옛사람에게는 미치지 못했으나, 토지제도를 가지런히 정돈하여 한 시대의 법제를 삼으셨으니, 폐해가 많은 전 왕조의 법을 내려다본다면 어찌 헤아릴 수 없을 만큼 좋은 법이 아니겠습니까?

---

157) 지치 : 《서경》 〈주서〉 '군진(君陳)'의 "이상적으로 지극히 잘 다스려진 정지의 향기는 하늘과 땅의 신령들에게 감응된다(至治馨香 感于神明)"라는 구절에서 나온 말이다.

158) 상공전 : 조세수입으로 왕실의 비용을 충당하기 위해 설정한 토지다.

농상(農桑)

농상은 의식(衣食)의 근본이니, 왕도 정치(王道政治)에서 우선시해야 할 바입니다. 우리나라에서는 중앙에 사농(司農), 지방에 권농(勸農)을 두어 백성들의 근면함과 게으름을 조사하여 격려하거나 징계하도록 했습니다. 그리고 풍기(風紀)를 담당하는 관리로 하여금 그 직책에 있는 사람이 잘하는지 못하는지를 조사하여, 내쫓거나 승진시키도록 했습니다.

전하께서는 여러 번 말씀을 내리셔서, 농상을 권장하는 것을 반드시 첫 번째로 삼도록 하여 그 근본을 두텁게 하고 실속을 취하셨으니, 장차 의식이 풍족해져 사람들이 염치(廉恥)를 알게 되며, 창고가 가득 차 예의(禮義)가 진흥됨을 볼 수 있을 것입니다. 태평성대의 업적이 여기에 기틀을 두는 것입니다.

부세(賦稅)

《맹자》에 "야인(野人)이 없으면 군자를 봉양할 수 없고, 군자가 없으면 야인을 다스릴 수 없다"159)고 했습니다. 그러므로 옛날의 성인이 부세법(賦稅法)을 만든 것은

159) 《맹자》 〈등문공(藤文公) 상〉에 있는 구절이다.

단지 백성들로부터 거두어 자신을 봉양하기 위한 것만은 아니었습니다.

백성들이 서로 모이면, 음식과 의복에 대한 욕심으로 밖에 대해 공격하고, 남녀 사이의 정욕은 안에서 공격하여, 같은 무리 안에서 다투고, 힘이 대등할 경우에도 다투어, 심지어는 서로 죽이는 데까지 이르게 됩니다. 통치자가 된 사람은 법을 가지고 이들을 다스리되, 다투고 싸우는 자들을 평화스럽게 만든 후에야 백성들의 생활이 안정되는 것입니다. 그러나 농사를 지으면서 그 일을 할 수 없으므로, 백성들이 수확량 중 10분의 1을 내어 통치자를 봉양하는 것입니다. 이처럼 수취하는 값이 크므로 통치자가 자신을 봉양하는 자에게 보답하는 것 또한 귀중한 것입니다.

후세의 사람들은 부세법을 만든 의미를 알지 못하고 "백성들이 나에게 이바지하는 것은 나의 직분에 당연한 것이다"라고 말했습니다. 그러므로 세금을 거두는 데 가혹하고 무리하게 거두면서도 오히려 더하지 못했다고 걱정하며, 백성들 또한 이를 본받아 일어나 다투고 빼앗아 재앙과 난리가 생겼습니다.

대체로 전대의 임금이 그 법을 만든 것은 하늘의 이치를 따른 것이지만, 후세에 그 폐단을 일으킨 것은 사람의 욕심 때문입니다. 재주 있는 신하나 회계를 맡은 관리로서 부세를 다스리는 사람은 마땅히 사람의 욕심을 억누르고 하늘의 이치를 보존할 것을 생각하는 것이 마땅합니다.

우리나라의 부세법은, 조(租)는 한결같이 토지에서 내고, 이른바 상요(常徭)[160]와 잡공(雜貢)[161]은 그 지방의 소출에 따라 관청에 납부하는데, 대체로 당나라 조(租)·용(庸)·조(調)[162]의 남긴 뜻을 이어받은 것입니다. 전하께서는 오히려 부세가 너무 무거워 우리 백성들을 곤란하게 할까 염려해, 담당 관청에 명령해 전부(田賦)[163]를 개정하고, 상요와 잡공을 상세하게 정하도록 하여, 거의 한쪽에 치우치지 않는 바른 도리를 얻으셨습니다.

그러나 조(租)는 토지가 개간되었는지 황무지인지를 조사하여 소출의 양을 헤아릴 수 있지만, 상요와 잡공은 단지 관청에서 바치는 액수만을 정해놓았을 뿐 집에서 어떠한 물건을 내는 것이 조(調)가 되며 사람이 어떠한 물건

160) 상요 : 각 개인에게 부과된 노동력 징발, 또는 그 대신 부과된 현물세를 의미한다.

161) 잡공 : 지역에서 바치던 여러 가지 공물(貢物)을 의미한다.

162) 조·용·조 : 조(租)는 토지의 생산물을 징수하는 것이며, 용(庸)은 사람의 노동력을, 조(調)는 각 가호에 토산품을 부과하여 징수하는 것이다.

163) 전부 : 토지에 부과된 세금으로, 앞에 나온 조(租)를 의미한다.

을 내는 것이 용(庸)이 된다는 것을 구분하여 말하지 않았습니다. 관리들은 이를 기화로 간사함을 발휘하여 함부로 불법으로 거두니, 백성들은 더욱 괴로워졌고 세력 있는 부잣집들은 여러 가지 방법으로 회피하기를 꾀하여 국가의 재용(財用)은 도리어 부족해졌습니다.

전하께서 백성을 사랑하는 마음에서 정해놓은 부(賦)의 의미를 아랫사람들이 헤아릴 수 없으니, 담당 기관의 책임입니다. 다행하게도 무사하고 한가한 시간을 만나게 된다면 강구하여 이를 시행해야 옳을 것입니다.

군자(軍資)

자공(子貢)[164]이 정치를 하는 방법에 대해 묻자 공자는 식량을 풍족하게 하고 군대를 넉넉하게 해야 한다고 대답했으니,[165] 국가는 군대에 의지해서 보존되고 군대는 식량에 의지해서 살기 때문입니다.

제갈공명(諸葛孔明)[166]이 군대를 다루는 기술이 관중

---

164) 자공(BC 520?~BC 456?) : 중국 춘추시대 위(衛)나라의 학자로, 공자의 제자다. 성은 단목(端木)이며, 이름은 사(賜)다.

165) 《논어》 〈안연(顔淵)〉에 있는 구절을 조금 변형해 인용했다.

166) 제갈공명(181~234) : 중국 삼국시대 촉한(蜀漢)의 정치가이자 병법가다. 원래 이름은 제갈량(諸葛亮)이고 공명(孔明)은 그의 자다.

(管仲)[167]이나 악의(樂毅)[168]보다 뛰어난 것은, 그가 위(魏)나라를 정벌할 때에 위수(渭水)[169] 위에 둔전(屯田)[170]을 두어 지구전(持久戰)의 계책을 썼기 때문입니다. 항우(項羽)[171]는 백전백승의 자질에 의지했으나, 하루아침에 군량이 떨어져 전쟁에서 패하고 자신은 죽어 천하의 웃음거리가 되었습니다. 이것으로 보건대 식량이라는 것은 삼군의 목숨이 달린 것이니, 하루라도 없어서는 안 되는 것입니다. 그러므로 옛날에 나라를 다스리던 사람은 군대를 훈련시킬 것만을 생각하지 않고 또한 당연히 그 식량도 관리했으며, 식량이 들어오는 바만을 생각하지 않고 또한

와룡선생(臥龍先生)이라고도 한다.

167) 관중(?~BC 645) : 중국 춘추시대 제(齊)나라의 정치가다. 환공(桓公)을 도와 제나라의 부국강병을 도모했다.

168) 악의(?~?) : 중국 전국시대 연(燕)나라의 장군으로, 제(齊)나라를 공격해 수도 임치(臨淄)를 함락했다.

169) 위수 : 중국 황하(黃河)의 지류다. 관중(關中) 지역을 지나가는데 이곳의 오장원(五丈原)에 제갈공명이 둔전을 설치했다.

170) 둔전 : 군량미를 확보하기 위하여 설치한 토지다. 주로 변경 지대에 설치하여 군인들로 하여금 경작하여 군량미를 충당하도록 했다.

171) 항우(BC 232~BC 202) : 중국 진(秦)나라 말기의 무장이다. 한의 유방과 중국 통일을 놓고 다투다 패했다. 원래 이름은 적(籍)이며 우(羽)는 자다. 서초 패왕(西楚霸王)으로도 불렸다.

당연히 그 식량이 생산되는 바를 관리했습니다.

대체로 식량이 생산되는 바는 토지와 인간에 달려 있을 뿐입니다. 우리나라는 산과 바다 사이에 끼어 있어 구릉과 습지 등 경작할 수 없는 땅이 10분의 8~9입니다. 그리고 사람들 중에도 놀고먹는 사람이, 비록 그 숫자를 모두 알 수는 없지만, 서울에 거주하는 자를 계산해 보면 수십만 명 이하로는 내려가지 않을 것이고, 도망가 승려가 된 자가 10만 명 이하로는 내려가지 않으며, 젊은이들 중에 일 없이 한가로운 자, 서민 중에서 공적인 노역을 담당하고 있는 자, 수자리 서는 군졸로서 변경에 있는 자, 공장(工匠) · 상인 · 무당의 무리와 재인(才人)[172] · 화척(禾尺)[173]과 같은 부류까지 계산하면 또한 10만 명 이하로 내려가지 않습니다. 이들은 농사를 짓지 않을 뿐만 아니라 또한 농사짓는 사람에 빌붙어 먹으니, 가히 생산하는 사람은 적은데 먹는 사람은 많다고 할 수 있습니다.

또한 초상 · 기근 · 질병 때문에 농토에 온 힘을 쏟지 못하며, 해마다 찾아오는 손님 접대와 제사 비용도 또한

---

172) 재인 : 노래와 춤, 재주를 선보이며 떠돌아다니면서 생계를 유지하던 천민(賤民)들을 말한다.

173) 화척 : 버드나무 세공, 소 잡는 일 등을 하던 천민으로, 조선 시대에는 백정으로 불렸다.

백성들이 그만둘 수 없는 것이니, 가히 이루는 것은 느린데 사용하는 것은 빠르다고 할 수 있습니다. 이러니 군대의 식량이 어떻게 풍족해지겠습니까?

오늘날의 계책으로는 주인 없는 황무지를 개간하여 놀고먹는 백성들을 바꾸어 모두 농토로 돌려보내며, 백성들의 농사일과 수확 활동을 살펴서 그들의 힘을 덜어주고, 손님 접대 · 제사의 의식을 제한해 그 비용을 절약하도록 해야 합니다. 그런 뒤에야 군대의 식량이 생기고 또한 풍족해질 수 있을 것입니다.

우리나라에서는 군자감(軍資監)[174]을 두어 군대의 식량을 저축하도록 했습니다. 그러나 단지 그 수입과 지출의 수량만을 담당하고 있을 뿐입니다. 그러므로 저 정도전은 식량이 생산되는 바까지 함께 진술하여 이 편에 기록해서 식량을 풍족하게 하는 근본을 삼으려고 합니다.

의창(義倉)

홍수, 가뭄, 전염병은 천체(天體)가 운행하는 운수에 있어서 대대로 간혹 있어왔습니다. 그러나 기근이 닥치면

---

174) 군자감 : 군수품의 저장, 관리 등을 맡아보게 하기 위해 태조 1년(1392)에 설치한 관청이다.

백성을 다스리는 관리가 된 사람이 어찌 이를 앉아서 보기만 하고 구원하지 않을 수 있겠습니까?

우리나라에서는 중앙에 의창을 두어 곡식을 저장했으며, 또 그 법을 확대해 주 · 부 · 군 · 현에까지 각기 의창을 두게 했습니다. 매년 농사철이 되면 빈민들 중에서 종자와 식량이 없는 사람들에게 지급하고, 가을 추수할 때가 되면 빌려준 본전만큼만 회수하여 뜻밖의 재난에 대비했습니다. 만약 기근이 든 해를 만나면 모든 곡식을 풀어 구휼하고, 풍년이 든 해를 기다려 또한 본전을 회수하여 먼 후일까지 대비했습니다. 기근이 들어도 백성들에게 피해가 없고 풍년이 들어도 농민들에게 손상이 없으며, 곡식은 항상 보존되게 하면서도 백성들은 죽음에 이르는 일이 없게 되니, 대체로 법 중에서 가장 좋은 법입니다.

의창의 곡식을 풀거나 거둘 때에는 다급한 사람만 구휼하고 부유한 사람에게 재산을 보태주지 않아야 하며,[175] 사실을 확실히 조사하여 원래의 액수가 줄어들지 않게 하여, 이 좋은 법이 폐지되지 않도록 해야 합니다. 또한 폐지되는가의 여부는 이를 맡아 지키는 데 알맞은 사람을 얻어

---

175) 《논어》 〈옹야(雍也)〉 편의 "군자는 다급한 사람을 구휼하고 부유한 사람의 부를 더해주지 않는다(君子周急不繼富)"고 한 구절을, 약간 변형해 인용했다.

서 거듭 밝혀 거행하는 것에 달려 있을 따름입니다.

조세의 감면[蠲免]

국가는 백성을 근본으로 삼고 백성은 식량을 하늘로 삼습니다. 그러므로 요역과 부세를 가벼이 해주어 그 식량을 넉넉하게 해주어야 합니다. 불행하게도 홍수나 가뭄, 서리, 병충해, 바람, 우박 등의 재해를 입었을 때에는 그 피해의 많고 적음에 따라 부역을 차등 있게 줄여주거나 면제해 주어야 하니, 대체로 그 근본(백성)을 두터이 하기 위한 것입니다.

우리나라에서는 손실분에 따라 감면해 주는 법을 이미 시행하고 있어, 법령에 뚜렷이 나타나 있습니다. 담당 관청에서는 마땅히 살펴서 이를 거행해야 할 것입니다.

예전(禮典)

총서(摠序)

삼가 생각하건대, 주상 전하께서는 위로는 하늘에 호응하시고 아래로는 사람들에 순응하여서 왕위에 오르시는 일을 만드시고, 옛 제도를 헤아려서 나라를 경영하셔서 모든 일, 온갖 사물이 질서가 잡히고 조화되었으니, 예악(禮樂)이 융성하는 바로 그 시기입니다.

저 정도전은, 예(禮)에 관한 학설이 비록 많지만 그 실제는 질서에 불과할 따름이라고 생각합니다. 조정은 엄숙함을 으뜸으로 하니, 임금은 존귀하고 신하는 낮으며, 임금은 명령하고 신하는 시행하는 것입니다. 그러므로 신하가 조정에서 임금을 뵙거나 회동할 때 임금의 자리를 바르게 하고 백관들을 통솔하니, 이것이 조정의 질서입니다.

제사는 정성을 으뜸으로 하니 사람이 자신의 정성을 다하면 신(神)이 윗자리에 이르게 됩니다. 그러므로 증상(蒸嘗)[176] · 관헌(祼獻)[177]으로 돌아가신 조상들을 섬기고 신령들과 통하는 것이니, 이것이 제사의 질서입니다.

손님 접대를 위한 잔치는 화합을 으뜸으로 하니, 손님이 올리면 주인은 보답하고, 주인이 권하면 손님은 먹습니다. 먹고 마시면서 잔치를 즐기고 일가친척과 화목하며 신하들과 친하게 되는 것, 이것이 잔치의 질서입니다.

임금의 옥새는 신뢰를 소통하기 위한 것이고, 여복(輿

---

176) 증상 : 증(蒸)은 겨울에 지내는 제사, 상(嘗)은 가을에 지내는 제사를 말한다.

177) 관헌 : 신령의 강림을 위해 술을 바치는 행위로, 제사를 의미한다.

服)[178]은 등급을 구별하기 위한 것이며, 음악은 공덕을 찬미하기 위한 것이며, 역(曆)은 1년간 계절의 변화를 밝히기 위한 것이며, 경연(經筵)은 임금에게 덕망을 권장하여 이를 발전시키기 위한 것이며, 학교는 인재를 양성하기 위한 것입니다. 과거제도의 설치와 유일(遺逸)[179]의 천거는 어진 사람들을 구하는 길을 넓히기 위한 것이며, 신하의 바른말을 구하는 것과 글을 올리도록 하는 것은 위와 아래의 뜻을 통하게 하기 위한 것입니다. 사신을 파견하는 것은 중국에 표(表)[180]를 올려 사대(事大)의 정성과 공경을 다하기 위한 것입니다. 초상화를 그리고 공로를 기록하는 것은 공신을 존중하고 그들의 공로에 대해 두텁게 보답하기 위한 것이며, 시호는 여러 신하들의 좋고 나쁜 점을 구별하여 권장과 징계를 하기 위한 것입니다. 정표(旌表)는 절개와 의리를 권장하기 위한 것이며, 향음주(鄕飮酒)는 예의와 겸손함을 가르치기 위한 것이며, 관혼상제(冠婚喪祭)는 풍속을 한결같게 하기 위한 것입니다.

---

178) 여복 : 수레와 관복(官服)이다.

179) 유일 : 아직 관직에 등용되지는 않았으나, 능력 있고 어진 인재를 말한다.

180) 표 : 외교 문서의 하나로, 사대 관계 속에서 상국(上國)에 올리는 글이다.

이 모든 것들은 정치를 시행하는 데 있어서 그 질서를 잡히게 하는 것입니다. 그러므로 저 정도전은 질서라는 한마디 말의 근본을 추구하여 예전(禮典)의 총서(摠序)를 작성했습니다.

종묘(宗廟)

임금이 하늘의 명령을 받아 나라를 열면 반드시 종묘를 세워 그 조상을 받드니, 대체로 자신의 근본에 대해 보답하고 먼 조상을 추모하는 것으로서 두터운 도리입니다. 그중 공덕이 있는 조상은 조(祖)나 종(宗)으로 하고, 불천지주(不遷之主)[181]로 삼습니다. 그러므로 《서경》에 "7대의 묘를 통하여 가히 그 나라의 덕망을 볼 수 있다"[182]고 했습니다.

전하께서는 즉위하신 후 돌아가신 아버지 환왕(桓王)[183] 이상 4대를 추숭(追崇)[184]하시어 왕의 작위를 더

---

181) 불천지주 : 공로가 있어 영원히 옮기지 않고 제사를 모시는 신주(神主)를 말한다.

182) 《시경》〈상서(商書)〉 '함유일덕(咸有一德)'에서 인용한 구절이다.

183) 환왕 : 조선의 태조 이성계(李成桂)가 아버지 이자춘(李子春)에게 올린 존호(尊號)다.

184) 추숭 : 왕위에 오르지 못하고 죽은 사람에게 뒤에 왕의 칭호를 올

하시고, 묘실(廟室)을 세워 신주를 봉안하셨습니다. 제물과 폐백의 숫자와 보궤(簠簋)[185] · 변두(籩豆)[186]의 품질, 관헌(祼獻) · 배축(拜祝)[187]의 절차도 매우 자세하게 강구하여 문서에 기록하셨습니다. 예조(禮曹)에서는 필요할 때마다 요청하여 시행하고, 다른 모든 관서는 바쁘면서도 정성을 다해 자기 직책을 수행하지 않음이 없으니, 공경함이 지극합니다.

사직(社稷)

사(社)라는 것은 토지의 신이고, 직(稷)이라는 것은 곡식의 신입니다. 대체로 사람이란 땅이 없으면 존립할 수가 없고, 곡식이 없으면 살 수가 없습니다. 그러므로 천자(天子)부터 제후에 이르기까지 인민을 다스리는 자는 모두 사직(社稷)을 설치하는 것이니, 대체로 백성을 위하여 복을 구하는 제사이기 때문입니다.

리는 것을 말한다.

185) 보궤 : 제사 때 쓰는 제기(祭器)다. 기장과 피를 담으며, 보는 네모나고 궤는 둥글다.

186) 변두 : 변은 과일이나 포를 담는 제기(祭器)이고, 두는 식혜 등을 담는 제기다.

187) 배축 : 절하고 기원하는 것을 말한다.

우리나라에서는 사직을 설립하여, 제물은 가장 살진 것을 바치고, 제기와 폐백은 가장 정결한 것을 사용하며, 제사 때에 술잔을 올리는 일은 세 번으로 마치며, 음악 연주는 여덟 번으로 마칩니다. 모두 담당 관청이 있어서 때에 맞추어 거행하니, 백성을 소중하게 여기는 뜻이 이렇듯 큰 것입니다.

적전(耤田)

농사는 모든 일들의 근본이고, 적(耤)[188]은 농사를 권장하는 일의 근본입니다. 대체로 종묘의 제사에 쓰는 기장과 피, 군국(軍國)에서 필요로 하는 재물이 모두 농사에서 나오며, 백성들의 생활이 이로써 풍성해지고 풍속이 이로써 순후해집니다. 그러므로 농사를 모든 일의 근본이라고 합니다.

임금이 몸소 적전을 경작하여 농사에서 솔선수범하면 백성들이 모두 "임금처럼 존귀한 사람이 오히려 몸소 밭을 가는데, 하물며 천한 백성으로서 편안히 앉아 경작하지 않는 것이 옳겠는가?"라고 하게 될 것입니다. 이에 사람들

---

188) 적 : 임금이 손수 농사를 짓는 일을 말한다. 백성들에게 농사를 권장하기 위한 행동이었다.

은 모두 밭으로 나가게 되고 농사는 발전하게 될 것입니다. 그러므로 적(耤)을 농사를 권장하는 일의 근본이라고 하는 것입니다.

우리나라에서는 적전을 두고 영(令)과 승(丞)[189]이 맡아보게 했습니다. 적전의 경작과 제사하는 방법에 대해서는 저 정도전이 이 편에 모두 써, 전하께서 곡식을 귀중하게 여기는 뜻을 보였습니다.

경연(經筵)

전하께서는 즉위하신 후 먼저 경연관(經筵官)을 두고 고문(顧問)을 갖추셨습니다. 항상 "《대학》은 임금이 영원히 계승될 법을 수립하기 위한 것이다. 진서산(眞西山)은 그 뜻을 캐내고 확대하여 《대학연의(大學衍義)》를 지었는데, 제왕의 통치를 위한 실마리와 학문을 하는 근본으로써 이보다 나은 것이 없다"고 말하셨습니다. 따라서 정치에 관한 일들을 듣고 결정하는 가운데 겨를이 있을 때마다 때로는 직접 스스로 살펴보기도 하고 때로는 다른 사람을 시켜 강의하고 토론하게 하셨으니, 비록 고종(高宗)[190]이 때

---

189) 영과 승 : 적전을 맡아보며 경작과 수확을 책임지던 적전령(耤田令)과 적전승(耤田丞)의 관직을 말한다.

때로 학문을 닦는 데 민첩했고 성왕(成王)[191]의 학문이 일취월장(日就月將)했다고 하더라도 이보다 나을 수는 없을 것입니다. 아름답고도 장하십니다.

학교(學校)

학교는 교화(敎化)의 근본이니, 여기에서 인륜을 밝히고, 여기에서 인재를 양성합니다. 하나라 · 은나라 · 주나라의 3대에는 학교의 법이 완벽하게 갖추어져 있었으며, 진나라 · 한나라 이후로는 비록 순수할 수는 없었으나 학교를 중요하게 여기지 않을 수 없었으니, 한 시대의 정치가 잘되고 못되는 것이 학교가 흥성한가 망했는가에 달려 있었기 때문입니다. 그러한 흔적을 오늘날에도 가히 모두 볼 수 있습니다.

---

190) 고종 : 중국 상(商)나라의 20대 임금 무정(武丁)을 말한다. 고종은 부열(傅說), 조기(祖己) 등을 등용하여 상나라를 다시 부흥시켰다. 고종의 학문에 대해《서경》〈상서〉'열명(說命) 하'에서 "생각하건대 배움이란 뜻을 겸손하게 가지는 것이니, 때때로 배우는 데 민첩하면 그 닦음이 이에 저절로 오게 될 것입니다(惟學遜志 務時敏 厥修乃來)"라고 했다.

191) 성왕 : 중국 주(周)나라의 2대 왕이다.《시경》〈주송(周頌)〉'민여소자지십(閔予小子之什)'에 "일취월장하여 학문이 세상에서 빛남이 있을 것입니다(日就月將 學有緝熙于光明)"라는 구절이 있다.

우리나라에서는 중앙에 성균관을 두어 공경대부의 자제와 백성들 중 뛰어나고 우수한 자를 가르치고, 각 부(部)의 학당(學堂)에 교수(教授)를 두어 어린아이들을 가르치며, 또 그 제도를 확대하여 주 · 부 · 군 · 현에까지 모두 향학(鄕學)을 설치하고 교수와 생도(生徒)를 두었습니다. 병법과 법률, 서예와 회계, 의약(醫藥), 통역에 대해서도 모두 앞서와 마찬가지로 교수를 두어 때에 맞추어 공부하도록 하고 있으니, 그 가르침이 또한 모두 지극합니다.

정표(旌表)[192]

태어날 때부터의 올바르고 덕망을 좋아하는 양심[193]은 사람이 모두 가진 것입니다. 그러나 위에 있는 사람이 앞에서 이를 인도하지 않으면, 아랫사람이 보고 느껴서 일으키는 바가 없을 것입니다. 그러므로 나라에서는 법을 만들어, 임금에게 충성함이 있고, 부모에게 효도함이 있으며, 부부의 도리를 온전하게 지킨 사람이 있으면 모두 그

---

192) 정표 : 다른 사람의 모범이 될 만한 올바르고 착한 행위를 한 경우, 이를 표창하고 세상에 널리 알림으로써 다른 사람도 그러한 행동을 본받도록 하는 것을 말한다.

193) 이 구절은 주희(朱熹)의《논어집주(論語集注)》〈학이제일(學而第一)〉에 수록되어 있다.

를 위하여 정문(旌門)[194]을 세워 표창하여 의로운 행동을 권장하고 풍속을 좋게 했습니다.

저 정도전은 그러므로 이 편의 명칭을 지었으니, 진실로 그러한 일이 있으면 계속해서 이를 적어두는 것이 옳습니다.

혼인

《예기》에 "남자와 여자의 구별이 있은 다음에 아버지와 자식이 친해지고, 아버지와 자식이 친해진 다음에 의로움이 생기며, 의로움이 생긴 다음에 예의가 이루어지고, 예의가 이루어진 다음에 만물이 편안해진다"[195]고 했으니, 남자와 여자란 인륜의 근본이며 자손만대의 시작입니다. 그러므로 《주역》에서는 건(乾)과 곤(坤)[196]을 첫머리로 했으며, 《서경》에서는 이강(釐降)[197]을 기록했고, 《시

---

194) 정문 : 충신, 효자, 열녀 등 선행을 한 사람을 표창하기 위해 나라에서 세워준 문이다. 붉은 문이므로 홍살문이라고도 한다.

195) 이 구절은 《예기》〈교특생(郊特牲)〉에 수록되어 있는 구절이다.

196) 건과 곤 : 하늘과 땅, 양(陽)과 음(陰)을 말하며, 나아가 남자와 여자를 뜻하기도 한다.

197) 이강 : 황제의 딸이 보다 낮은 지위에 있는 사람에게 시집가는 것을 말한다.

경》에서는 관저(關雎)[198]를 서술했으며, 《예기》에서는 대혼(大婚)[199]에 대해 공손하게 다루고 있으니, 성인(聖人)이 남자와 여자를 중요하게 여긴 것이 이와 같았습니다.

하나라 · 은나라 · 주나라 3대 이후 나라의 흥성과 쇠망, 가문의 번성과 쇠퇴는 모두 여기에 말미암았습니다. 그런데 근래에 혼인하는 집안들이 남자와 여자의 덕행이 어떠한지는 헤아리지 않고 단지 한때 가난한지 부유한지만으로 골라 뽑거나 버리며, 또 배필을 서로 구할 때에는 드러내지 않고 숨겨 이 사람에게 중매하고 저 사람과 혼인하기를 마치 장사꾼들이 상품을 파는 것처럼 하여, 알지 못하는 먼 집안과 서로 합치고 구별을 두터이 하는[200] 뜻이 없습니다. 그래서 간혹 소송을 제기하기도 하고, 간혹 침해나 모욕을 받기도 합니다. 또 친영(親迎)[201]의 예절

198) 관저 : 《시경》 〈국풍〉에 있는 곡의 이름이다. 문왕(文王)과 그 아내의 덕망을 칭송한 것으로, 숙녀(淑女)를 아내로 맞으면 도움이 된다는 것을 말하고 있다.

199) 대혼 : 임금이나 세자의 혼인을 말한다.

200) 알지 못하는 먼 집안과 서로 합치고 구별을 두터이 하다(附遠厚別)라는 구절은 《예기》 〈교특생〉에 수록되어 있는 구절이다. 《예기》에는 "다른 성씨와 혼인을 하는 것은 알지 못하는 먼 집안과 서로 합치고 구별을 두터이 하기 위한 것이다(取於異姓 所以附遠厚別也)"라고 했다.

201) 친영 : 혼인할 때 신랑이 신부 집에 가서 신부를 맞이하여 오는 일

이 폐지되어 남자가 여자의 집으로 들어가는데, 부인이 어리석어 자기 부모의 사랑을 믿고 남편을 업신여기는 경우가 없지 않으며, 교만하고 질투하는 마음이 날로 커져 끝내는 서로 반목하는 데에 이르게 됩니다.

집안의 도리가 무너지는 것은 모두 시작이 정중하지 못한 데서 말미암는 것입니다. 위에 있는 사람이 예절의 덕목을 제정하여 이를 갖추지 않으면 어떻게 그 풍속을 동일하게 만들 수 있겠습니까? 그러므로 저 정도전은 성스러운 경전들을 고찰하여 인륜의 근본과 자손만대의 시작에 주의하면서 혼례 편을 작성합니다.

상제(喪制)

맹자가 "오직 죽은 사람을 보내드리는 일만이 중대한 일에 해당한다"[202]고 했는데, 대체로 죽음이란 서로 친한 것의 끝이요, 사람의 길에 있어서 커다란 변화입니다. 그러므로 옛 임금들은 이를 신중하게 여겨 상제(喪制)를 만들고, 천하에 미치도록 하여 천하의 자식이 된 사람들로 하여금 대대로 이를 지키도록 했습니다.

을 말한다.

202) 이 구절은 《맹자》 〈이루장구(離婁章句) 하〉에서 인용한 글이다.

소리 내어 통곡하며 가슴을 치고 발을 구르는 것은 감정의 변화이며, 초빈(草殯)[203]을 하고 죽을 먹으며, 우제(虞祭)[204]를 지내고 거친 밥과 나물국을 먹으며, 상제(祥祭)[205]를 지내고 나물과 과일을 먹는 것은 음식의 변화입니다. 웃옷을 벗고 머리를 묶고 자최(齊衰)[206]를 입는 것은 복장의 변화입니다. 흙덩이를 베고 거적 위에서 자며, 밖에서 거처하며 안으로 들어오지 않는 것은 거처의 변화입니다. 자식으로서 부모를 사랑하는 정은 이에 이르러 극도의 것이 됩니다. 그러나 이러한 것도 오히려 미흡하게 여겨 우제를 지내며 통곡하고, 기제(朞祭)[207]를 지내며 슬퍼하고, 상제(祥祭)를 지내면서 근심하고, 기제(忌祭)[208]를 지내면서 추모하여, 시간이 오래 지날수록 더욱

---

203) 초빈 : 시신을 입관한 후 장례를 치를 때까지 안치하는 것이다. 가빈(家殯)이라고도 한다.

204) 우제 : 장례를 마친 뒤에 지내는 제사다.

205) 상제 : 대상(大祥)에 지내는 제사로, 이제 돌아가신 지 오래되어 조금 상서로움을 회복했다는 의미다. 상제를 지낸 후 탈상(脫喪)한다.

206) 자최 : 상복의 하나로서, 부모의 상에는 3년, 조부모의 상에는 1년, 증조부모의 상에는 5개월, 고조부모의 상에는 3개월, 아내의 상에는 1년을 입었다.

207) 기제 : 돌아가신 지 1년이 된 날 지내는 제사다.

208) 기제 : 해마다 돌아가신 날에 지내는 제사다.

잊지 못하니, 대체로 또한 이것은 마음 한가운데의 정성에서 우러나온 것이며 억지로 한 것은 아니었습니다.

근세 이래로 상제가 크게 무너져서 으레 불교의 법도로 이를 치르는데, 초상을 당해 아직 매장도 하지 않았는데 진수성찬을 낭자하게 차리고, 종과 북을 시끄럽게 울려대며, 남녀는 뒤섞여 있고, 상주 되는 자는 오직 손님을 맞이하여 접대하는 데 충분치 못한 것만을 염려하고 있으니, 어느 겨를에 죽음을 슬퍼하고 돌아가신 이를 애석하게 여기겠습니까? 이런 까닭에 비록 100일 동안 상제를 지낸다고 해도 근심하는 얼굴이나 애처로운 빛이 없으며, 웃고 말하는 것이 평일과 같습니다. 지친(至親)에 대해서도 이와 같은데 하물며 아랫사람에게는 어떠하겠습니까? 보고 들은 것이 사회적 관습이 되어서 너무나 당연하게 여기고 조금도 괴이하게 생각하지 않으니, 대체로 자식으로서의 정은 예나 지금이나 다름이 없으나 사회적 관습이 그렇게 만든 것입니다.

이른바 추천(追薦)[209]이라는 것은 단지 사람들의 보는 눈만 아름답게 할 뿐인데, 끝내는 집안을 망치고 파산하게

---

209) 추천 : 죽은 사람을 위하여 불교 의식을 행하고 명복을 비는 행위를 말한다.

까지 하는 자가 또한 있습니다. 죽은 사람에게도 무익한 낭비가 되며, 살아 있는 사람에게는 끝없는 근심을 끼치는 것이니, 그것이 거짓된 것임을 충분히 볼 수 있습니다. 위에 있는 사람이 법을 만들어 이를 막지 않는다면, 그 폐해는 이루 다 말할 수 없게 될 것입니다.

전하께서는 즉위하셔서 법률을 세우고 사회 기강을 밝혔으며, 으레 옛 성인을 본받으셨는데, 예전(禮典)에 있어서는 더욱 뜻을 바치셨습니다. 담당 관청에 명령하여 연구하여 밝히고 고쳐서 정하도록 해서, 모두 정해진 법이 있게 되었습니다. 저는 사람으로서 지켜야 할 도리를 중요하게 여기고 죽은 사람을 장례 지내는 큰일을 소중하게 여겨, 상제 편을 짓습니다.

권8

조선경국전(朝鮮經國典) 하(下)

정전(政典)

총서(摠序)

육전이 모두 정(政)인데 오직 병전(兵典)만을 정(政)이라고 한 것은, 사람의 올바르지 않은 것을 바로잡는 것이기 때문입니다. 그러나 오직 자신을 바르게 한 자여야만 가히 다른 사람을 바르게 할 수 있습니다.

《주례》를 고찰해 보면, 대사마(大司馬)[210]의 직책은 첫째도 나라를 바르게 하는 것이요, 둘째도 나라를 바르게 하는 것입니다. 병(兵)은 성인(聖人)이 어쩔 수 없이 획득한 것인데 반드시 바름으로써 근본을 삼았으니, 성인이 병(兵)을 중요하게 여긴 뜻을 볼 수 있습니다.

군제(軍制)를 세워 그 분수를 밝히고, 병기를 만들어 그 뛰어나고 예리함을 다하도록 했습니다. 가르치고 익히도록 하는 것은 전진과 후퇴, 적을 찔러 죽이는 것을 숙달시키기 위한 것이며, 정돈하고 점검하는 것[整點]은 병기

210) 대사마 : 중국 주나라 때 군사 업무를 맡아보던 관직이었다.

의 튼튼한 것과 약한 것, 용기 있는 자와 겁이 많은 자를 가리기 위한 것입니다. 상으로써 그 공로를 권장하고 벌로써 그 죄를 징계하며, 숙직하며 궁궐을 경비하는 것을 엄격하게 하여 안을 튼튼하게 하고, 국경 경비를 튼튼하게 하여 밖을 막으며, 부역을 부과하되 노동력을 헤아려서 하고, 위문하고 구휼하여 죽음을 애도해야 합니다.

병사가 쓰는 것 중에 말보다 시급한 것이 없으며, 병사가 필요한 것 중에 식량보다 앞서는 것이 없습니다. 명령의 전달과 순찰, 시종하는 일까지도 모두 군인이 하지 않을 수 없습니다. 그러므로 말에 관한 행정[馬政], 둔전(屯田), 역전(驛傳), 지종(祗從)[211]도 각기 종류별로 부기합니다.

평상시의 무사한 때에 무예에 관한 일을 익히는 것은 반드시 사냥을 통해서 합니다. 이것이 정전의 서론입니다.

군제(軍制)

주(周)나라 제도에서는 병(兵)과 농(農)이 일치했습니

211) 지종 : 관청에 소속되어 관리들의 심부름을 하던 하인으로, 말단 병사들이 맡아서 하는 경우가 많았다.

다. 일이 없으면 비(比) · 여(閭) · 족(族) · 당(黨) · 주(州) · 향(鄕)[212]이 사도(司徒)에 소속되고, 유사시에는 오(伍) · 양(兩) · 졸(卒) · 여(旅) · 사(師) · 군(軍)[213]이 되어 사마(司馬)에 소속되었습니다. 그러나 일이 없을 때면 매번 농한기에 무예에 관한 것을 익히도록 했으므로, 유사시에 모두 쓸 수 있었습니다. 병사를 양성하는 비용이 없고 병사를 징집하는 소란스러움이 없으면서도, 일이 급하지 않은 때와 급한 때에 쉽게 맞추어 대응할 수 있었으니, 이것이 주나라 제도의 좋은 점이었습니다.

관중(管仲)은 그 나라를 삼등분하여 21향(鄕)을 만들고 내정(內政)의 법[214]을 만들어 군령을 붙였으니, 비록

---

212) 비 · 여 · 족 · 당 · 주 · 향 : 주민 편제의 단위다. 《주례》 〈지관(地官)〉 '대사도(大司徒)'에 "다섯 집이 비(比)가 되어 서로 돕도록 하고, 5비가 여(閭)가 되어 서로 받아들이도록 하고, 4여가 족(族)이 되어 서로 장례를 돕도록 하고, 5족이 당(黨)이 되어 서로 구제하도록 하고, 5당이 주(州)가 되어 서로 구휼하도록 하고, 5주가 향(鄕)이 되어 서로 접대하도록 한다"고 되어 있다.

213) 오 · 양 · 졸 · 여 · 사 · 군 : 군대의 조직 단위다. 《주례》 〈지관〉 '소사도(小司徒)'에 "다섯 명이 오(伍)가 되고, 5오가 양(兩)이 되고, 4양이 졸(卒)이 되고, 5졸이 여(旅)가 되고, 5여가 사(師)가 되고, 5사가 군(軍)이 된다"고 했다.

214) 관중이 제(齊)나라를 부강하게 만들기 위해 제시한 내정 개혁법이다. 전국을 21향으로 나누고, 공(工) · 상(商)의 향은 6향을 두어 재

주나라 제도의 장점에는 미치지 못했으나 당시에는 규율이 있고 잘 통솔된 군대라고 불렸으며 드디어 천하를 제패할 수 있었습니다. 한(漢)나라의 남북군(南北軍)이나 당나라의 부병(府兵)은, 그 제도는 비록 취할 만하지만 장점과 단점을 따져보아야만 합니다.

우리나라에서는 중앙에 부병이 있고, 주군(州郡)에서 순번대로 올라와 숙위(宿衛)하던 병사가 있으며, 밖으로는 육지를 지키는 병사[陸守兵]가 있고 배를 타는 병사[騎船兵]가 있으니, 그 제도는 모두 고찰할 수 있습니다. 저는 먼저 역대의 제도를 서술한 뒤 우리나라의 제도를 서술하여 군제 편을 짓습니다.

군대의 병기[軍器]

하늘이 다섯 가지 재료[五材][215]를 낼 때, 쇠가 그중 하나였습니다. 쇠는 계절로 치면 가을이 되어 오그라들고 죽는 것을 주관하며, 사람으로 치면 병사가 되어 살육을 주관하니, 대체로 하늘과 땅의 올바른 쓰임으로서 없어서

정을 풍족하게 하고, 15개 향은 사(士)의 향으로 삼아 군대를 육성하는 것이 핵심 내용이다.

215) 오재 : 우주 만물을 이루는 다섯 가지 요소로 쇠[金], 나무[木], 물[水], 불[火], 흙[土]을 말한다. 오행(五行)이라고도 한다.

는 안 될 것입니다. 그러므로 주나라 제도에서는 병기를 담당하는 관리를 두어 그 명칭 · 용도와 등급을 구분하여 군사 업무에 대비했고, 역대로 모두 무기고를 두어 군용에 대비했습니다.

우리나라에서는 군기감(軍器監)을 두어 오로지 공장(工匠)의 일을 담당하게 했으며, 밖으로는 주군(州郡)에 이르기까지 군대의 병기를 제조하는 것이 해마다의 관례였습니다. 그 수를 고찰할 만한 것을 적습니다.

가르치고 익힘[教習]

공자는 "전술을 가르치지 않은 백성들을 데리고 전쟁하는 것은 곧 그들을 버리는 것이다"[216]라고 말했습니다. 《주례》에서는 봄 사냥, 여름 사냥, 가을 사냥, 겨울 사냥으로 무예에 관한 것을 익히도록 하여 때를 거르는 일이 없었으며, 쇠북과 깃발을 사용하는 절차를 밝히고, 전진과 후퇴, 적을 찔러 죽이는 방법을 익혔으며, 병사는 장수의 뜻을 알고 장수는 병사의 사정을 알아 전진할 때는 장수와 병사가 함께 전진하고 후퇴할 때는 함께 후퇴했으므로, 수비는 견고했고 전쟁에는 승리했으니, 이것은 가르침이 평

216) 이 구절은 《논어》 〈자로(子路)〉에서 인용했다.

소에 있었기 때문입니다.

이때 이후 진(晉)나라 문공(文公)[217]이 피려(被廬)에서 사냥한 것, 제(齊)나라 민왕(愍王)[218]의 장검(長劍)을 쓰는 기술, 위(魏)나라 혜왕(惠王)[219]의 무졸(武卒),[220] 진(秦)나라 소양왕(昭襄王)[221]의 예사(銳士)[222]는 비록 술책에 의한 힘[詐力]을 숭상함이 있었으나, 그 용병술은 후세 사람들이 따라갈 수 없는 것이었습니다. 전국시대의 사마양저(司馬穰苴)[223]와 당나라의 이정(李靖)[224]은 모

---

217) 문공(BC 697~BC 628) : 중국 춘추시대 진나라의 24대 왕으로, 부국강병책을 통해 진나라를 춘추오패(春秋五霸)의 한 나라로 성장시켰다. 피려(被廬)에 군대를 집합시켜 대규모 군사훈련을 했다.

218) 민왕 : 제 선왕(齊宣王)의 아들이다. 초(楚)나라와 진(秦)나라의 군대를 연파하여 동제(東帝)라고 불렸다.

219) 혜왕(惠王) : 중국 전국시대 위나라의 왕으로 이름은 앵(罃)이다. 진(秦)나라에게 져 대량(大梁)으로 이주했으므로 양 혜왕(梁惠王)이라고도 한다.

220) 무졸 : 무예에 능한 병사라는 뜻으로, 중국 전국시대 위나라에서 편성한 군대다. 오기(吳起)의 건의로 무술을 시험해 선발, 편성했다.

221) 소양왕 : 중국 전국시대 진(秦)나라의 왕으로, 성명은 영직(嬴稷)이다. 소양(昭襄)은 시호다. 장군 백기(白起) 등을 기용해 다른 제후의 군대를 격파했는데, 특히 장평(長平) 전투에서 조(趙)나라 군대를 격파하고 항복한 조나라 군사 40만 명을 생매장했다.

222) 예사 : 정예 병사란 뜻이다.

두 병법이 있었지만 오직 제갈무후(諸葛武侯)[225]의 용병법만이 대체로 어짊과 의리 속에서 절제의 뜻이 있었습니다. 그러므로 주문공(朱文公)[226]은 그에 대해 용병을 잘 한다고 했습니다.

저는 제갈량의 뜻을 본받아 〈오행진(五行陣)〉과 〈출기도(出奇圖)〉를 지었고, 또 사마양저의 병법을 가감하여 〈강무도(講武圖)〉를 지어 바쳤습니다. 전하께서는 이것을 훌륭하다고 칭찬하시고 군사들에게 익히도록 명령하셨습니다.

제가 주(周)나라 사마(司馬)[227]의 사냥[蒐狩]하는 법,

---

223) 사마양저 : 중국 춘추시대 제(齊)나라의 전략가다. 본래의 성명은 전양저(田穰苴)이지만 사마(司馬 : 군사 업무를 담당하는 직책)의 관직을 지냈으므로 사마양저라고 했다. 그의 《사마법(司馬法)》은 무경칠서(武經七書) 중 하나다.

224) 이정(571~649) : 중국 당나라 때의 유명한 장군이다. 병법에 뛰어났으며 그가 당 태종과 병법에 대해 문답한 《이위공문대(李衛公問對)》는 무경칠서 중 하나다.

225) 제갈무후 : 제갈량을 말한다.

226) 주문공 : 중국 송(宋)나라의 유학자 주희(朱熹, 1130~1200)를 말한다. 주자(朱子)라고 높여 부르며, 문공(文公)은 시호다. 그의 집대성한 유학을 주자학(朱子學)이라고 한다.

227) 주(周)나라 제도에서 군대를 담당한 관직으로, 사냥을 통해 군사

진(晉)나라, 위(魏)나라, 제(齊)나라, 진(秦)나라, 사마양저(司馬穰苴), 이정(李靖) 등의 병법을 골라 뽑아 먼저 적은 것은 옛것에서 모범을 취하자는 것이며, 제가 바친 〈출기도〉와 〈강무도〉를 뒤에다 적은 것은 지금 그것을 익히자는 것입니다. 고금의 제도가 갖추어지고 가르치고 익히는 방법이 명백해지면 병사는 가히 쓸 수 있습니다. 이에 교습 편을 짓습니다.

병기의 정돈과 점검[整點]

대체로 병기가 망가지는 것은 오랫동안 손질하지 않았기 때문이고, 사용법을 잊어버리는 것은 오랫동안 익히지 않았기 때문입니다. 그런데 국가에서는 일이 없을 때에 옛 습관대로 세월만 보내고 노니, 군사 장비는 부서지고 군사의 수는 줄어들었습니다. 따라서 만약 위태로운 사태가 있게 되면 미처 공급할 수 없게 되니, 고금의 공통되는 폐단입니다.

《주례》 '대사마'에 "2월[仲春]에 북 · 방울 · 징의 용도를 구분하고, 5월[仲夏]에 전차와 보병을 선발하며, 8월[仲秋]에 깃발과 병장기가 잘되어 있는지를 판별하고, 11월[仲

훈련을 시켰다.

冬]에는 임금이 직접 사열한다"고 했습니다. 이로부터 주(周)나라 선왕(宣王)[228]은 동도(東都)에서 사냥하고 전차와 보병을 선발하여 나라를 중흥시키는 업적[229]을 이루었으니, 병기의 정돈과 점검을 그만둘 수 없는 것은 이 때문입니다.

우리나라에서는 중앙의 금위군(禁衛軍)과 지방의 주현병(州縣兵)을, 농한기마다 그 명부를 확인하여 늙은이와 어린이, 강한 자와 약한 자를 구별하며, 매월 군기감에서 만든 활과 화살, 창과 갑옷을 조사하여 그것의 날카로움과 무딤, 견고함과 망가짐을 시험하고 있으니, 병기를 정돈하고 점검하는 뜻을 터득했다고 할 수 있습니다.

상과 벌

대체로 전쟁이란 위험한 일입니다. 나아가면 사망하는 재앙이 있고, 물러나면 생존할 길이 있습니다. 그런데 사람의 본성이란 죽음을 두려워하고 삶을 좋아하지 않는 경

---

228) 선왕 : 중국 주나라의 11대 왕으로, 성명은 희정(姬靜)이다.

229) 선왕은 즉위한 후 곧 영토 확상에 나서서 주변의 여러 민족을 성벌했으며, 제후들도 다시 조공을 바치게 되었다. 이를 선왕의 중흥이라고 한다. 《시경》〈소아〉'동궁지십(彤弓之什) 거공(車攻)' 8장이 이에 관한 내용이다.

우가 없습니다. 그러므로 오직 상을 후하게 주어야만 삶을 잊을 수 있으며, 오직 벌을 무겁게 주어야만 죽는 데까지 나아가게 할 수 있습니다.

그러나 상과 벌이 뭇 사람들이 인정하는 공로와 죄의 기준으로 말미암지 않고 한 개인의 기쁨과 노여움에서 나온다면, 상을 내려도 권장되지 않고 벌을 주어도 징계하지 못할 것입니다. 그러므로 높은 작위와 후한 녹봉은 유공자를 대우하는 것이고, 칼과 톱, 채찍과 회초리는 죄가 있는 사람에게 가하기 위한 것이라고 합니다. 그렇다고 한다면 군대를 관리하는 사람에게 상과 벌이 없어서는 안 되며, 상과 벌은 공적인 데에서 나오지 않으면 안 되는 것입니다. 그러므로 저는 상벌 편을 지음에 반드시 공(公)을 가지고 설명하는 것입니다.

부역[功役]

사람의 정리란 노동하면 선한 마음이 생기고 편안하면 교만한 마음이 일어나는 것입니다. 그러므로 무릇 병졸은 비록 지나치게 일하도록 해도 안 되지만 또한 지나치게 편안하게 해도 안 됩니다.

군대 내에서 시행하는 토목공사는 모두 병사들을 시키되, 그들의 힘이 미치는 바를 헤아리고 그들의 공로에 의해 성취된 바를 평가해야 합니다. 그래서 농부[三農][230]들로 하여금 농토에 온 힘을 쏟도록 한다면 군인과 농민들이 각기 자신의 일에 안심하고 종사하게 될 것입니다.

헌전(憲典)

총서(摠序)

하늘과 땅은 온갖 사물에 대해 봄에는 생장시키며 가을에는 소멸시키며, 성인(聖人)은 온 백성에 대해 어짊으로써 사랑하며 형벌로써 위엄을 보입니다. 대체로 소멸시키는 것은 그 근원을 회복시키기 위한 것이고, 위엄을 보이는 것은 그 삶을 가지런하게 하기 위한 것입니다.

가을은 하늘과 땅에 있어서 의로운 기운이 되는데, 형조(刑曹)를 추관(秋官)이라고 하니 그 쓰임은 동일한 것입니다. 그러나 하늘과 땅의 도리는 마음이 없어도 이루어지므로 운행에 어긋남이 없지만, 성인의 법은 사람을 기다린 뒤에 시행되기 때문에 반드시 삼가고 애처롭게 여기는

---

230) 삼농 : 평지에서의 농사, 산에서 짓는 농사, 습지에서 짓는 농사를 의미하기도 하고 봄갈이, 여름갈이, 추수의 3단계를 의미하기도 한다. 그러므로 농사 일반을 의미하는 말로 쓰인다.

어짊과 밝고 신중한 마음을 이룬 뒤에야 행할 수 있는 것입니다. 그런데 진실로 올바른 사람을 얻지 못한다면 잔인한 포악함과 참혹한 재앙 속에서 말세의 폐단이 반드시 찾아올 것입니다. 그러면 단지 백성들이 그 해를 입을 뿐만 아니라, 끝내는 반드시 원한이 하늘로 올라가 음양의 조화를 해치게 되어 수재(水災)와 한재(旱災)를 불러오게 되고 국가는 따라서 위태롭게 될 것입니다.

그러므로 성인이 형벌을 제정한 것은 형벌만 믿고 이것으로써 정치를 하려고 한 것이 아니라 오직 형벌로써 정치를 보좌하기 위한 것입니다. 법을 씀으로써 법을 쓰지 않게 하고,[231] 형벌을 가함으로써 형벌이 없게 되기를 기약하는 것이니,[232] 진실로 우리의 정치가 이미 완성된다면 형벌은 내버려 두고 사용하지 않게 될 것입니다. 그러므로 고요는 순임금의 덕망을 칭송해 "살리기를 좋아하는 덕이 백성들의 마음에 널리 미치어 이에 담당 관청에 죄를 짓지 않아도 되게 되었다네"[233]라고 했으니, 아! 위대합니다.

지금 우리 전하께서는 어짊이 하늘처럼 뒤덮고 계시며,

---

231) 이 구절은 《서경》 〈주서〉 '군진'에서 인용했다.

232) 이 구절은 《서경》 〈우서〉 '대우모'에서 인용했다. 단 원문은 '형기우무형(刑期于無刑)'으로 원문 중의 '우(于)' 자를 생략해 인용했다.

233) 이 구절은 《서경》 〈우서〉 '대우모'에서 인용했다.

명철한 판단력이 신과 같으며, 살리기를 좋아하는 덕망이 하느님[上帝]과 같습니다. 무릇 법을 어겨 담당 관청에서 죄를 따지는 바가 되었는데, 진실로 죄가 되는지 의심스러운 바가 있으면 매번 가엽게 여겨 관대한 규정을 따르며 많이 죄를 용서해 주어 스스로 새사람이 되게 했습니다.

또한 어리석은 백성들이 무지하여 금법(禁法)에 저촉될까 염려하여 담당 관청에 명령하여 《대명률(大明律)》[234]을 이두[方言]로 번역하도록 하여 뭇 사람들로 하여금 쉽게 깨닫도록 했으며, 무릇 재판에서 결정해야 할 바는 모두 이 율을 사용하도록 하셨으니, 위로는 황제의 규범을 받들고 아래로는 백성들의 생명을 소중하게 여기기 위한 것이었습니다. 장차 이 백성들이 금법을 알고 죄를 범하지 않아, 형벌은 내버려 두고 사용하지 않게 될 날을 보게 될 것입니다. 저는 임금님의 성스러운 마음을 우러르고 본받아, 감히 어질고 밝은 덕을 형벌을 사용하는 근본으로 삼으면서 헌전의 총서를 짓습니다.

234) 《대명률》 : 중국 명나라의 형법으로, 1367년 제정되어 1368년 공포되었다. 조선에서는 이를 들여와 1395년(태조 4) 이두로 번역한 《대명률직해》를 간행했다.

명례(名例)

일은 반드시 명분을 바르게 한 다음에야 이루어지고, 명분은 반드시 규정이 있은 연후에야 정해집니다. 이러므로 옛날 법률을 제정하는 사람은 반드시 명례로써 우선을 삼았습니다.

명례에는 이른바 오형(五刑)이 있으니, 태형(笞刑), 장형(杖刑), 도형(徒刑), 유형(流刑), 사형입니다. 이것은 옛날의 육형(肉刑)[235]은 아니나 대벽(大辟 : 사형)만은 동일합니다. 그 죄의 경중에 따라 법을 달리하는 것입니다.

이른바 오복(五服)이라는 것이 있으니, 참최(斬衰), 주년(周年), 대공(大功), 소공(小功), 시마(緦麻)입니다. 부모로부터 위로는 고조(高祖)에 이르고, 아래로는 현손(玄孫)에 이르며, 옆으로는 족속(族屬)에 이르는데, 그 친족의 멀고 가까움에 따라 입는 복(服)의 경중이 다르니, 가까워야 할 사람을 친하게 여기는 정을 맺기 위한 것입니다. 복이 중하면 예절이 엄격하고 정이 가까우면 은혜가 두텁습니다. 그러므로 법을 제정하는 자는 예의를 무너뜨린 죄를 무겁게 처리하고, 원래의 뜻을 참작하여 관대하게 처

235) 육형(肉刑) : 신체에 해를 입히는 형벌을 말한다. 코를 베는 의형(劓刑), 발뒤꿈치를 자르는 비형(剕刑), 먹물로 범죄 사실을 문신으로 새기는 자자형(刺字刑) 등이 있다.

리하니, 사람으로서 지켜야 할 도리를 중요하게 여기기 때문입니다.

이른바 십악(十惡)이 있으니, 모반(謀反)·모대역(謀大逆)·모반(謀叛)·대불경(大不敬)은 임금과 신하 간의 분별을 존중하기 위한 것이고, 악역(惡逆)·불효(不孝)·불목(不睦)은 가까운 사람을 친하게 하는 은혜를 존중하기 위한 것이며, 부도(不道)는 사람의 생명을 존중하기 위한 것이며, 불의(不義)와 내란(內亂)은 관청과 백성, 스승과 벗의 의리와 남편과 아내, 남자와 여자의 구별을 존중하기 위한 것입니다. 이 열 가지는 모두 인간의 도리에 있어 가장 중요한 윤리[大倫]이니, 진실로 이것을 범한 자가 있으면 이를 대악(大惡)이라 이르고, 왕법(王法)으로 반드시 죽여야 하는 것입니다.

이른바 팔의(八議)[236]가 있으니, 의친(議親)[237]·의고(議故)[238]·의공(議功)[239]·의현(議賢)[240]·의능(議

---

236) 팔의 : 형벌을 감해주는 여덟 가지 조건이다.

237) 의친 : 팔의의 하나로, 왕과 대왕대비, 대비, 세자비 등의 가까운 친족이 죄를 범한 경우, 의논해 감형해 주는 것이다.

238) 의고 : 팔의의 하나다. 왕과 오랫동안 알고 지낸 사람이 죄를 지었을 경우, 의논해 그 죄를 감형해 주는 것이다.

239) 의공 : 팔의 중 하나로, 공신(功臣)이나 그 자손이 죄를 지었을 경

能)[241] · 의근(議勤)[242] · 의귀(議貴)[243] · 의빈(議賓)[244]으로, 은혜로써 죄를 감형해 줄지 논의하는 것도 있고 의리로써 죄를 감형해 줄지 논의하는 것도 있습니다. 그러므로 저지른 죄에 대한 법이 비록 무거운 형벌이라고 하더라도, 인정(人情)으로는 가볍게 결정해야 하니, 지극히 공평하고 인정이 두텁습니다.

그 밖에도 명례(名例)는 비록 많으나, 모두 은혜와 의리, 인정, 법률로써 죄가 가벼운지 무거운지를 분별하여 그 중간을 취하니, 대체로 법을 쓰는 권형(權衡)[245]입니다.

우, 의논해 감형해 주는 것이다.

240) 의현 : 팔의 중 하나다. 덕망이 높은 사람이 죄를 지었을 때, 의논해 감형해 주는 것이다.

241) 의능 : 팔의의 하나로서, 능력 있고 학식이 있는 사람이 죄를 지었을 경우, 의논해 감형해 주는 것을 말한다.

242) 의근 : 팔의의 하나로, 죄를 지은 사람이 공신(功臣)일 경우, 의논해 감형해 주는 것을 말한다.

243) 의귀 : 팔의 중 하나다. 죄를 지은 사람이 높은 벼슬자리에 있는 사람일 때 의논해 감형을 결정했다.

244) 의빈 : 팔의 중 하나다. 전 왕조의 후예로서 국가의 손님으로 대우하던 사람이 죄를 범했을 때, 의논해 감형해 주는 것이다.

245) 권형 : 권(權)은 저울추, 형(衡)은 저울대로, 저울을 말한다. 즉 여기서는 죄의 무게를 재서 그에 합당한 형벌을 결정하는 것을 의미한다.

직제(職制)

왕이라는 존재는 하늘을 대신해서 온갖 사물을 다스리므로 반드시 여러 어진 사람을 등용하여 여러 직책을 맡겨야 합니다. 그러므로 모든 관직과 관청은 하늘의 일이 아닌 것이 없습니다. 《서경》에 이르기를 "모든 관리들이 서로 따라 배우며, 모든 관리들이 때에 맞추어 사시사철 일하니, 여러 일들이 이루어질 것이다"[246]라고 했으니, 이는 요순시대의 정치가 융성하게 된 이유입니다.

그러나 말은 잘하나 행동은 어긋나는 자가 공공(共工)[247]의 직책에 있게 되고, 명령을 어기고 겨레를 해친 자가 치수 사업을 맡게 되자,[248] 멀리 유배시켜 쫓아내는 형벌을 거행하지 않을 수 없었는데, 하물며 후세에 있어서겠습니까?

진실로 법률을 명확하게 세워 형벌과 징계를 보여주지

246) 이 구절은 《서경》 〈우서〉 '고요모'에서 인용했다.

247) 공공 : 요임금 때 토목공사를 담당하던 관직이다. 당시 공공의 직책에 있던 자는 말은 잘하나 사심(邪心)이 있는 자였다.

248) 중국 요(堯)임금 때 치수 사업을 담당한 곤(鯀)을 말한다. 그가 치수 사업을 맡자 9년 동안 홍수가 끊이지 않았으며, 이에 순(舜)이 곤을 우산(羽山)으로 추방했다.

않는다면, 관리들을 게으르게 만들고 백성들을 병들게 만들며, 간사함과 거짓이 날로 늘어나 재앙과 난리가 생겨남이 이루 다 말할 수 없게 될 것입니다. 그러므로 관리에 대한 형벌[官刑]을 제정하여 관직에 있는 사람들이 조심하도록 하게 하기 위해 직제(職制)를 짓습니다.

공식(公式)

윗사람과 아랫사람, 저 사람과 이 사람의 사이에는 반드시 문자(文字 : 문서)로 뜻을 전하고, 부절(符節)[249]과 인신(印信 : 도장)으로 믿음을 보였습니다. 예로부터 국가를 다스리는 사람은 이에 대해 정해진 법규가 없는 경우가 없었으니, 여러 사람의 마음을 하나로 만들고 간사함과 거짓을 막기 위한 것이었습니다. 진실로 혹시 이를 어기는 일이 있으면, 나라에 일정한 형벌이 있었습니다. 공식(公式)을 짓습니다.

호역(戶役)

《서경》에 "백성은 나라의 근본이니, 근본이 튼튼해야

---

249) 부절 : 어떠한 사실이나 어떤 사람의 신분을 증명하기 위한 도구로, 돌이나 옥, 나무 등을 둘로 나누어 하나는 관청에 보관하고 하나는 본인에게 주어 나중에 서로 맞추어볼 수 있게 한 것이다.

나라가 편안해진다"[250]고 했습니다. 그러므로 국가를 다스리는 자는 반드시 먼저 백성들의 삶을 보호하는 것을 급선무로 삼아야 합니다. 그러나 백성들의 숫자가 많으므로 변고 또한 매우 많습니다. 약삭빠른 자는 간사한 짓을 하고, 어리석은 자는 법을 어기고, 강한 무리들은 폭력을 행사하고, 굶주리고 추위에 허덕이는 자들은 도적이 되며, 윗사람을 속이고 사사로운 일을 행하여 끝이 없으니, 국왕의 법도가 무너지고 재앙과 난리를 불러옵니다. 백성의 어른이 된 자가 어찌 이러한 일들을 염려하여 미리 방비하지 않을 수 있겠습니까?

그러므로 반드시 법령을 엄격히 하여 위엄을 보이고, 형벌을 명확히 하여 이를 징계한 다음에야 백성들이 두려워하는 바가 있어 재앙과 난리가 그칠 것입니다. 이것이 비록 덕(德)이나 예(禮)로 다스리는 효과에는 미치지 못할 것이나, 또한 성인(聖人)도 부득이하게 재앙과 난리의 예방을 위해서 하는 것입니다.

대체로 백성들이 간사한 일을 하게 되는 이유는 비록 많으나, 위에 있는 사람이 법률을 제정하여 시행해야 하는 것으로 그중 중대한 항목으로는 일곱이 있습니다. 첫째는

250) 《서경》 〈하서(夏書)〉 '오자지가(五子之歌)'에서 인용한 구절이다.

호역(戶役)으로, 백성들의 힘이 나오는 바로서 명확하게 하지 않으면 숨기거나 누락시킬 염려가 있습니다. 둘째는 토지와 집[田宅]인데, 백성들 생업의 근본으로, 엄정하게 하지 않으면 겸병(兼倂)하는 일이 있게 됩니다. 셋째는 혼인으로, 이는 사람의 도리에 있어서 중요한 바로서 절제하지 않으면 음탕하고 방종한 일이 있게 됩니다. 넷째는 창고로, 백성들의 식량을 쌓아두는 곳이 갖추어지지 않으면 헛되게 쓰여 낭비되는 폐단이 있게 됩니다. 다섯째는 세금의 부과[課程], 여섯째는 채권과 채무 관계[錢債], 일곱째는 상점[市廛]으로,[251] 모두 백성들의 재산과 관계되는 바로서 살피지 않을 수 없는 것들입니다. 그러므로 그 법을 자세하게 하고 금지 조항을 엄격하게 만들어야 합니다. 법률의 조목이 모두 갖추어졌으므로 그것을 모두 적습니다.

도적(盜賊)

사람의 본성은 모두 착하므로, 악한 일을 부끄러워하고 미워하는 마음은 사람이면 누구나 가지고 있습니다. 그러

251) 이 일곱 가지, 즉 호역, 전택, 혼인, 창고, 과정, 전채, 시전은《대명률》〈호율(戶律)〉의 목차들이다.

므로 도적이 되는 것이 어찌 사람의 뜻이겠습니까? 일정한 생계 수단[恒産]이 없는 사람은 따라서 일정한 마음[恒心]이 없게 됩니다.[252] 그러므로 굶주림과 추위가 몸을 절박하게 만들면 예절과 올바름을 돌아볼 겨를도 없이 대부분 부득이한 사정에 몰려 도적이 되는 것일 뿐입니다.

그러므로 백성의 어른이 된 사람은 능히 어진 정치[仁政]를 시행해서 백성들이 자신의 생업에 안정할 수 있게 해야 합니다. 그들을 부릴 때에는 농사짓는 때를 빼앗아서는 안 되며, 그들에게서 세금을 거둘 때는 그들의 힘을 상하게 해서는 안 됩니다. 남자에게는 먹고 남은 곡식이 있고 여자에게는 입고 남은 베가 있어, 위로는 부모를 모시기에 풍족하고 아래로는 처자식을 양육하기에 풍족하면, 백성들이 예절과 올바름을 알게 되고 풍속은 염치를 숭상하게 되어 도적은 방비하고 없애지 않아도 저절로 사라질 것입니다.

그러나 백성의 욕심은 한이 없고 이익을 좇는 마음은 쉽게 불타오르는 법입니다. 그러므로 진실로 형법을 명확히 하여 이를 제어하지 않는다면 또한 금지하기 어렵습니다. 그러므로 《서경》에 이르기를 "재물 때문에 사람을 죽

252) 이 구절은 《맹자》 〈양혜왕(梁惠王) 상〉에서 인용했다.

여 쓰러뜨리면, 무릇 백성들 중에서 원망하지 않는 사람이 없다"[253]고 했습니다. 성품이 착한 것을 근본으로 하고 간사한 도적을 응징해야 합니다. 이에 도적 편을 짓습니다.

공전(工典)

총서(摠序)

육관(六官)의 항목 중에서 공전(工典)도 그중 하나를 차지하고 있습니다. 《서경》에 "모든 기술자들[百工]이 때에 맞추어 사시사철 일한다"[254]고 했으며, 또 "무익한 일을 함으로써 유익한 것에 해롭게 하지 않는다"[255]고 했습니다.

국가를 다스리는 자는 아껴 써 백성을 사랑하지 않을

---

253) 이 구절은 《서경》 〈강고(康誥)〉에서 인용했다. 하지만 서경의 구절과는 약간 가감의 차이가 있다. 《맹자》 〈만장장구(萬章章句) 하〉에서 서경의 이 구절을 인용하고 있는데, 《맹자》에 나온 구절을 직접 인용한 것으로 보인다.

254) 이 구절은 《서경》 〈우서〉 '고요모'에서 인용했다. 위에서는 백공(百工)을 '모든 관리'로 번역했으나, 여기서는 의미상 '모든 기술자'로 번역한다.

255) 이 구절은 《서경》 〈주서〉 '여오(旅獒)'에서 인용했다.

수 없다고 했습니다. 그러므로 모든 공사 관련 일은 마땅히 검소함과 수수함을 숭상해야 하고 사치와 낭비를 경계해야 합니다. 대체로 나라의 재정을 절약하지 않으면 헛되이 낭비하여 재정이 고갈되기에 이를 것이며, 백성의 힘을 중요시하지 않으면 부역에 괴로워하다 백성들의 힘이 꺾이게 될 것입니다. 재정과 백성들의 힘이 고갈되고도 국가가 위태롭지 않은 경우는 없었습니다. 옛날의 역사를 헤아려보아도 잘 다스려진 세상과 난리가 난 세상, 국가의 존속과 멸망은 이로 말미암지 않은 것이 없었습니다. 그러니 어찌 삼가지 않을 수 있겠습니까?

이런 까닭에 《춘추》에서는 무릇 백성을 쓰는 일이 있으면 반드시 기록했으니, 공사를 새로 일으키는 것이 때에 맞지 않고 올바름을 해치는 것이면 진실로 죄가 되었습니다. 비록 때에 맞고 올바른 공사라고 하더라도 역시 기록했으니, 백성들을 노동시키는 일이 중요한 일이라는 것을 보여주는 것입니다. 임금이 이와 같은 올바름을 안다면 백성들의 힘을 사용하는 데 신중해야 함을 알 것입니다.

무릇 공사하는 일은 한 가지만이 아닙니다. 낱낱이 들어서 말해보겠습니다. 첫째, 궁원(宮苑)이란 조정을 높이고 명분을 바르게 하기 위한 것이며, 둘째, 관부(官府)란 모든 관원들이 거처하면서 자신의 직무를 수행토록 하기 위한 곳입니다. 셋째, 창고는 공부(貢賦)[256]를 받아들여 보관을 신중하게 하기 위한 것이며, 넷째, 성곽은 외적을 방어하고 예측하지 못한 난리를 대비하기 위한 것입니다. 다섯째, 종묘는 임금의 조상[祖宗]을 제사하기 위한 것이고, 여섯째, 교량은 하천과 육지를 통하도록 하여 왕래가 편리하도록 하기 위한 것입니다. 일곱째, 병기는 간사한 도적들을 방비하고 왕실을 호위하기 위한 것이며, 여덟째, 노부(鹵簿)[257]는 임금을 호위하는 일[禁衛]을 엄격하게 하고 우리나라의 문화와 제도[文章]를 빛내기 위한 것입니다. 그 밖에 금공(金工), 옥공(玉工), 목공(木工), 석공(石工), 전식공(塼埴工),[258] 사시공(絲枲工),[259] 공피공(攻皮工),[260] 전계공(氈罽工),[261] 화소공(畫塑工)[262] 등

---

256) 공부 : 국가에 세금으로 납부하던 특산물을 의미하기도 하며, 세금 일반을 가리키기도 한다.

257) 노부 : 임금이 행차할 때 위엄을 보이게 하기 위해 갖추던 병장기나 물품을 말한다.

258) 전식공 : 벽돌을 만들거나 찰흙을 이용하여 물품을 만드는 장인이다.

259) 사시공 : 비단과 모시 제품을 만들거나 다루는 장인이다.

260) 공피공 : 가죽 제품을 다루거나 생산하는 장인이다.

261) 전계공 : 양탄자나 융단 등을 만드는 장인이다.

262) 화소공 : 그림을 그리는 장인과 조각품을 만드는 장인이다.

각기 종류별로 있습니다.

지난 고려왕조의 말기에는 재정 지출 제도에 절제가 없고 백성을 부릴 때에는 때를 가리지 않았으므로, 백성들은 원망하고 하늘은 노여워하여 스스로 멸망하기에 이르렀습니다. 생각건대, 우리 전하께서는 천성이 근검하시어 무릇 공사를 일으키는 것은 반드시 부득이할 때에만 하셨으며, 백성들을 부릴 때에는 모두 농한기에만 하셨습니다. 그러므로 모든 공사[百工]가 알맞고 바르게 되었으며 여러 공적이 모두 빛나게 되었으니, 그 비용을 절약하고 백성을 사랑하는 아름다운 뜻이 옛날의 훌륭함을 뛰어넘은 것이 헤아릴 수 없습니다. 마땅히 글로 적어서 후세 사람들에게 보여주어야 합니다. 이에 공전(工典)을 짓습니다.

관부(官府)

모든 관서는 각기 그 직책이 있으므로 행정 업무를 처리할 곳이 완비되어 있지 않으면 안 됩니다. 우리나라에서는 위로는 도평의사사(都評議使司), 문하부(門下府), 삼사(三司), 중추원(中樞院), 사헌부(司憲府)로부터 아래로는 육조(六曹), 여러 시(寺), 여러 감(監), 여러 서(署), 여러 국(局), 그리고 지방 군현의 담당 관청에 이르기까지 각기 청사가 있습니다. 사서(史胥)[263]의 무리와 관청의 문서를 작성하는 기구가 하나라도 완비되지 않은 것이 없어서 모든 일의 처리에 지체됨이 없으니, 아, 아름답습니다!

창고(倉庫)

나라에 3년간의 저축이 없으면 그 나라는 나라가 아닙니다. 《관자(管子)》[264]에 "창고가 가득 차 있어야 예절을 안다"[265]고 했으니, 곡식과 재물 창고는 국가에 실로 중요한 관계가 있는 것입니다. 창고가 가득 차 있는가 또는 고갈되어 비었는가 하는 것은 그 관리를 신중하게 했는가 여부와 수입을 헤아려 지출을 했는가 여부에 달려 있을 따름입니다.

우리나라에서는 무릇 여러 창고의 이름을 모두 전 왕조 고려의 옛 이름대로 사용하고 있습니다. 광흥창(廣興

---

263) 사서 : 사(史)는 말단 관직으로 주로 장관을 보좌하는 속관(屬官)을 가리키며, 서(胥)는 서리를 말한다. 즉 사서는 행정 업무를 보좌하는 말단 관직이나 서리층을 가리킨다.

264) 《관자》 : 중국 춘추시대 제(齊)나라의 정치가인 관중(管仲, ?~BC 645)의 글을 모아 편집한 책이다.

265) 이 구절은 《사기》 〈화식열전(貨殖列傳)〉에서 인용했다. 《관자》 〈목민(牧民)〉 편에도 같은 내용의 글이 있다.

倉)은 모든 관료들의 녹봉을 지급하기 위한 것이고, 풍저창(豊儲倉)은 국가에서 쓰기 위한 것을 저장하여 흉년이나 뜻밖의 재난에 대비하기 위한 것입니다. 장흥창(長興倉)과 의창(義倉)은 가난한 사람에게 곡식을 빌려주기 위한 것이고, 의성고(義成庫), 덕천고(德泉庫), 내장고(內藏庫), 보화고(保和庫), 의순고(義順庫) 등 다섯 창고는 왕실의 쓰임에 이바지하기 위한 것입니다.

고려왕조의 말기에 권신(權臣) 이인임(李仁任)[266]과 임견미(林堅味)[267] 등이 정권을 좌지우지하여 국가에는 손해를 끼치고 개인적인 이익만을 채웠으며, 토지를 빼앗고 산과 들을 제 마음대로 했으며, 또 우왕(禑王 : 신우)은 재정 지출에 절제가 없고 왕실 창고의 재산을 모두 환관과 아녀자의 손에 귀속시켜, 창고가 고갈되어 거의 한 섬의 곡식도 저장되어 있지 않는 지경에 이르게 했습니다.

---

266) 이인임(?~1388) : 고려 말기의 문신 관료다. 우왕(禑王)을 옹립하는 데 크게 기여했으며, 우왕 즉위 후 정권을 잡았다. 친원 정책(親元政策)을 폈으며, 전횡을 일삼다가 최영(崔瑩) 등에 의해 유배되어 곧 사망했다.

267) 임견미(?~1388) : 고려 말기의 무장이다. 우왕 때 이인임 등과 함께 권력을 남용하고 불법적인 일을 일삼다가, 최영 · 이성계(李成桂) 등에 의해 죽임을 당했다.

우리 전하께서는 토지의 경계를 바로잡아 균전(均田)을 이루시고, 검소함을 숭상하여 비용을 절약하시고, 관료들의 녹봉을 후하게 주어 선비를 격려하는 기풍이 있게 하셨으며, 태창(太倉)[268]에는 썩어 붉게 변색된 쌀[269]이 있게 했으니, 창고를 짓고 수리하는 것은 진실로 부득이한 것입니다.

종묘(宗廟)

제사는 나라의 큰일입니다. 그러므로 국가를 다스리는 사람은 반드시 먼저 종묘를 세우고, 사직(社稷)을 다음에 세웁니다. 제사를 지내며 술을 따라 올리는 의식에 대해서는 예전(禮典) 중에서 상세하게 기록했습니다. 만약 제사 중에 삼가지 않는 자가 있으면 법으로 조사하여 바로잡습니다.

종묘와 사직을 건축하고 수리하는 제도는 또 여기에서 서술합니다. 어찌 이것뿐이겠습니까? 바람[風], 구름[雲],

---

268) 태창 : 원래는 광흥창을 가리키나, 여기서는 국가의 창고 전체를 의미한다.

269) 썩어 붉게 변색된 쌀[紅腐之粟] : 오래도록 풍년이 들어 창고에 보관된 쌀을 꺼내 먹을 일이 없으므로, 창고의 쌀이 썩어 붉게 변색된다는 의미로 태평성대를 가리킨다.

우레[雷], 비[雨]에 대한 제사와 성황(城隍)과 악독(岳瀆)[270]에 대한 제사도 각기 그 일정한 곳이 있어 두루 완벽하게 되지 않은 곳이 없으니, 신령의 아름다움에 대답하고 신령의 내려주심에 보답하려는 뜻이 어떠합니까?

병기(兵器)

군사 장비를 갖춤에 있어 병기보다 중요한 것이 없습니다. "활에 시위를 매어 화살을 얹고, 방패와 창, 도끼를 가지고 이에 바야흐로 앞장서서 나가도다"[271]라고 한 것은 주나라 문왕이 거(莒)나라[272]로 가는 길을 막기 위한 것이었습니다. "그대들의 갑옷과 투구를 단단히 꿰매 묶고, 그대들의 방패를 매어 달되 정성을 다하지 않음이 없도록 하고, 그대들의 활과 화살을 갖추며, 그대들의 칼날이나 창날을 날카롭게 갈되 감히 좋지 않음이 없도록 하라"[273]고 한 것은 노(魯)나라의 제후[274]가 서융(徐戎)[275]

---

270) 악독 : 나라에서 신성시하여 제사 지내는 큰 산과 강을 말한다.

271) 이 구절은《시경》〈대아〉'생민지십(生民之什) 공류(公劉)'에서 인용했다. 단《시경》에는 "활에 시위를 매어 화살을 얹고(弓矢載張)"가 "활과 화살을 가지고 이에 시위를 매어(弓矢斯張)"로 되어 있다.

272) 거나라 : 지금의 중국 산둥성(山東省) 쥐현(莒縣)에 있었다는 은나라 말기의 나라다.

을 정벌하기 위한 것이었습니다.

대체로 안의 간사한 무리를 진압하고 밖의 도적을 막는 것은, 병기가 아니면 할 수 없는 것입니다. 왜냐하면 비록 맹분(孟賁)[276]이나 오획(烏獲)[277]과 같은 무리일지라도 진실로 병기가 없다면 맨주먹으로 나가 물리칠 수는 없으며, 비록 겁이 많고 나약하여 용기가 없는 무리일지라도 다만 이들에게 갑옷과 투구를 입히고 창을 잡게 하여 무리를 모아 진형을 이루게 한다면 적도 또한 두려워하고 위축되어 감히 몰아쳐 나오지 못할 것입니다. 그러니 더구나 날래고 용감한 장부가 견고한 갑옷과 투구를 쓰고 날카로운 무기를 잡는다면 이른바 호랑이가 날개를 단 격이 될 것입니다. 그렇다면 군사 무기를 어찌 정비하지 않을 수

---

273) 이 구절은《서경》〈주서〉'비서(費誓)'에서 인용했다. 단《삼봉집》에는 "그대들의 활과 화살을 갖추며" 다음에 원문의 "그대들의 창을 견고하게 만들고(鍛乃戈矛)"라는 구절이 빠져 있다.

274) 노나라의 제후 : 주공(周公)의 아들로 최초로 노나라에 봉해진 백금(伯禽)을 가리킨다.

275) 서융 : 중국 고대에 동이족(東夷族)에 속했던 종족으로, 오랫동안 은나라, 주나라 세력과 대결했다.

276) 맹분 : 중국 전국시대 제(齊)나라의 용맹한 무사다.

277) 오획 : 중국 전국시대 진(秦)나라의 용맹한 무사다. 힘에는 당할 자가 없었다고 한다.

있겠습니까?

우리나라에서는 군기감(軍器監)을 두어 활, 칼, 창, 갑옷, 투구, 화약 등의 물건을 만들고 깃발, 북, 징 따위에 이르기까지 하나라도 갖추지 않은 것이 없습니다. 반드시 매월 그믐에는 그달 안에 만든 것을 바치게 해서 무기고에 저장하고, 담당 관청으로 하여금 이를 지키게 했습니다. 또한 각 도(道)의 도절제사(都節制使)에게 명령하여 도내에서 만든 병기가 혹시 신중하게 만들어지지 않은 것이 없는가를 감독하게 했으니, 그 군사 장비를 갖추려는 노력을 다하고 있습니다.

권9

불씨잡변(佛氏雜辨)

불교 윤회(輪廻)의 변

사람과 만물이 낳고 낳아 끝이 없는 것은 바로 하늘과 땅의 조화가 끊임없이 운행하여 그치지 않기 때문이다. 대저 태극(太極)에 움직이고 움직이지 않음이 있으므로 음(陰)과 양(陽)이 생겼고, 음과 양이 변하고 합쳐짐이 있으므로 오행(五行)[278]이 갖추어졌다. 이에 무극(無極)·태극(太極)의 참됨[眞]과 음양·오행의 정기[精]가 묘하게 합해지고 엉켜서 사람과 만물이 태어나고 태어난다. 이미 생겨난 것은 가서 지나가 버리고 아직 생겨나지 않은 것은 와서 계속되니, 그 사이에 한순간의 멈춤도 용납되지 않는다.

부처의 말에 "사람이 죽어도 정신은 없어지지 않으므로 회복됨에 따라 다시 형체를 받는다"고 했으니, 이에 윤회설이 생겨났다.

---

278) 오행 : 우주 만물을 이루는 다섯 가지 요소로, 쇠[金], 나무[木], 물[水], 불[火], 흙[土]을 말한다.

《주역》에 "시원을 탐구하여 끝을 돌이켜 생각한다. 그러므로 죽음과 삶에 대한 도리를 알 수 있다"[279]고 했으며, 또 "정기(精氣)는 사물이 되고, 떠돌아다니는 혼은 변(變)이 된다"[280]라고 했다. 옛 선비가 이를 해석하기를 "하늘과 땅의 조화가 비록 낳고 낳는 것이 끝이 없으나, 모임이 있으면 반드시 흩어짐이 있으며, 태어남이 있으면 반드시 죽음이 있다. 능히 그 시원을 탐구해 그 모여서 태어남을 안다면 그 후에 반드시 흩어져서 죽게 되는 것을 필연적으로 알게 될 것이요, 능히 그 태어남이 기(氣)의 조화의 스스로 그러함에서 얻어지는 것이며 원래부터 정신이 허공 속에 머물러 있는 것이 아님을 안다면, 그 죽음이 기와 더불어 같이 흩어지는 것이며, 그 형상(形象)이 어둡고 적막한 속에 머무르는 것은 다시 있을 수 없음을 알게 될 것이다"[281]고 했다. 또 "정기는 사물이 되고, 떠돌아다니는 혼은 변이 된다"고 했는데, 이는 하늘과 땅, 음과 양의 기가 서로 합쳐져 사람과 만물을 이루었다가 혼의 기운은 하늘로 돌아가고 육체와 백(魄)[282]은 땅으로 돌아감에 이르

279) 이 구절은 《주역》 〈계사 상〉에서 인용했다.

280) 이 구절은 《주역》 〈계사 상〉에서 인용했다.

281) 이 구절과 거의 같은 내용이 여정덕 편(黎靖德編), 《주자어류(朱子語類)》 권39, 《논어》 21, 〈선진(先進)〉 편 상(上)에 수록되어 있다.

는 것, 바로 이것이 변이라는 것이다. 정기가 사물이 되는 것은 정(精)과 기(氣)가 합해져 사물을 이루는 것이니, 정은 백(魄)이요 기는 혼(魂)이며, 떠돌아다니는 혼은 변(變)이 되니, 변이란 곧 혼과 백이 서로 분리되어 흩어져 버려 변하는 것이다. 여기서 변이란 변화한다는 변이 아니라 단단한 것이 썩는 것이요, 존재했던 것이 없어져 다시는 사물이 되지 못하는 것이다.

하늘과 땅 사이는 불타는 화로와 같아 비록 살아 있는 사물이라고 해도 모두 녹여 없애버리니, 어찌 이미 흩어진 것이 다시 합쳐짐이 있고 이미 간 것이 다시 올 수 있겠는가? 지금 또한 나의 몸에서 증명해 보자. 한 번 숨을 내쉬고 한 번 숨을 들이마시는 사이에 기(氣)가 한 번 나오는데 이를 일식(一息)이라고 한다. 그런데 한 번 숨을 내쉴 때 나오는 것이 숨을 들이쉴 때 들어오는 것은 아니다. 그런즉 사람의 호흡도 또한 나고 나서 끝이 없는 것이니, 간 것은 지나가 버리고 오는 것은 계속되는 이치를 가히 볼 수 있다. 밖으로 사물에서 증명해 보면, 모든 풀과 나무가 뿌리로부터 줄기, 가지, 잎, 꽃, 열매까지 한 기운이 관통하

---

282) 육체와 백 : 원문은 체백(體魄)이다. 체백은 죽은 육체를 의미하기도 하고, 육체와 백으로 나누어 볼 수도 있다. 여기서는 나누어 서술했다.

고 있다. 봄이나 여름이 되면 그 기운이 번성하여 꽃과 잎이 무성하게 된다. 가을이나 겨울이 되면 그 기운이 오그라들어 꽃과 열매가 약해지고 떨어진다. 이듬해 봄과 여름에 이르러 또 다시 무성해지는데, 이미 떨어진 잎이 본래의 자리로 되돌아와 다시 살아나는 것은 아니다. 또 우물 속의 물은 아침마다 길어내어, 불을 때서 음식을 만드는 사람이 불로 끓여 없애고 의복을 세탁하는 사람이 햇볕에 쬐어 말리니 다 없어져 흔적도 없는데, 우물 속의 샘은 끊임없이 솟아나니, 이미 길어낸 물이 옛 거처로 되돌아가 다시 나오는 것은 아니다. 또한 온갖 곡식이 자라는 것도, 봄에 열 섬의 종자를 뿌려 가을에 백 섬을 거두며, 이어 천 섬, 만 섬에 이르니 그 이익이 여러 갑절이 된다. 이것은 온갖 곡식이 또한 낳고 낳는 것이다.

지금 불교의 윤회설을 보자. "무릇 혈기(血氣 : 생명의 기운)가 있는 것은 스스로 일정한 숫자가 있어 오고 또 오고 가고 또 가더라도 다시 증가되거나 줄어들 수 없다"고 한다. 그러면 하늘과 땅이 만물을 만드는 것이 도리어 농부가 이익을 내는 것만도 못한 것이다. 또한 "생명의 기운을 가진 무리가 인류가 되지 않는다면 새나 짐승, 물고기, 자라, 곤충이 될 것이니, 그 숫자에 일정함이 있어 이것이 늘어나면 저것이 반드시 줄어들고, 이것이 줄어들면 저것이 반드시 늘어나 일시에 모두 늘어나거나 일시에 모두 줄어들 수 없다"고 한다. 지금 이를 살펴보면, 융성한 세상을 만나면 인류도 번성하고 새와 짐승, 물고기, 자라, 곤충도 또한 번성한다. 쇠락하는 세상을 만나면 사람도 줄어들고 새와 짐승, 물고기, 자라, 곤충도 또한 줄어든다. 이는 인간과 만물이 모두 하늘과 땅의 기운이 낳은 바이기 때문이다. 그러므로 기운이 융성하면 일시에 번성하고, 기운이 쇠퇴하면 일시에 줄어드는 것이 명백하다. 나는 불교의 윤회설이 세상을 극심하게 현혹시키는 것에 대해 분개하여, 깊게는 하늘과 땅의 조화에 기초하고, 밝게는 사람과 만물의 태어남을 바탕으로 이와 같은 학설을 얻었다. 나와 뜻을 같이하는 사람은 함께 성찰하여 준다면 다행스러운 일일 것이다.

어떤 사람이 "자네는 옛 선비의 학설을 인용해《주역》의 '떠돌아다니는 혼은 변이 된다'는 것을 해석하여 '혼과 백이 서로 분리되어 혼의 기운은 하늘로 돌아가고, 육체와 백은 땅으로 내려간다'고 했는데, 이것은 사람이 죽으면 혼과 백이 각기 하늘과 땅으로 돌아가는 것으로, 불교에서 말한 이른바 '사람이 죽어도 정신은 없어지지 않는다'는 것과 다름이 없지 않은가?"고 물었다. 나는 이에 대해 대답한다. "옛날에 사계절의 불은 모두 나무에서 구했으니,

이것은 나무 안에 원래 불이 있어 나무가 뜨거워지면 불이 생기는 것으로, 마치 백(魄)의 속에 원래 혼이 있어 백이 따뜻해지면 혼이 생기는 것과 같다. 그러므로 '나무를 비비면 불이 나온다'고 했으며, 또 '몸이 이미 생기면 신(神)이 지각(知覺)을 일으킨다'고 했다. 형체는 백이고, 신령[神]은 혼이다. 불이 나무로 말미암아 존재하는 것은 혼과 백이 합쳐져 사는 것과 같다. 불이 꺼지면 연기는 올라가 하늘로 돌아가고 타고 남은 재는 떨어져 땅으로 돌아가는 것은 사람이 죽으면 혼의 기운은 하늘로 올라가며 육체와 백은 땅으로 내려가는 것과 같다. 불의 연기는 바로 사람의 혼의 기운이며, 불의 타고 남은 재는 바로 사람의 육체와 백이다. 또한 불의 기운이 꺼진 후에 연기와 재가 다시 합쳐져 불이 될 수 없으니, 사람이 죽은 뒤에 혼의 기운과 육체와 백이 또한 다시 합쳐져 살아 있는 사물이 될 수 없다. 그 이치가 어찌 명백하지 않은가?

불교가 인륜(人倫)을 버린 데 대한 변

명도선생(明道先生)[283]이 말하기를 "도(道)의 밖에 사물이 없고 사물 밖에 도가 없다. 이것은 하늘과 땅 사이에 가는 곳마다 도가 없는 곳이 없다는 것이다. 즉 아버지와 아들 사이에는 아버지와 아들의 친한 바가 있고, 임금과 신하 사이에는 임금과 신하의 엄격한 바가 있고, 남편과 아내, 어른과 아이, 친구와 친구 사이에 이르러서도 도가 되지 않는 바가 없다. 그러므로 이 도는 잠시라도 떨어질 수 없는 것이다. 그러니 인륜을 허물어뜨리고 사대(四大)[284]를 잃어버린 것은 도에서 훨씬 더 멀리 떨어진 것이라고 할 수 있다"[285]고 했다. 또 말하기를 "말과 행위가 두루 미치지 않은 바가 없다고 했으나 실상은 인간이 지켜야 할 윤리에서 벗어나 있다"[286]고 했으니, 선생의 판단이 매우 옳다.

---

283) 명도선생 : 중국 북송(北宋) 때의 유학자 정호(程顥, 1032~1085)를 말한다. 정호의 호가 명도이므로 명도선생이라고 불렀다. 동생 정이(程頤, 1033~1107)와 함께 이정자(二程子)라고 불렸으며, 그들의 사상은 주자(朱子)에게 큰 영향을 주었다.

284) 사대 : 사람을 구성하는 네 가지 큰 요소로, 느낌을 받아들임, 생각, 행동, 앎이다. 따라서 사대는 인간 자신을 의미한다.

285) 이 구절은 《근사록(近思錄)》 〈변이단(辨異端)〉에서 인용했다.

286) 이 구절은 《소학(小學)》 〈가언(嘉言)〉 '광경신(廣敬身)'에서 인용했다.

불교의 자비(慈悲)에 대한 변

하늘과 땅이 사물을 생장시키는 것으로써 마음을 삼았는데, 사람은 하늘과 땅이 사물을 생장시키는 마음을 얻어 태어났다. 그러므로 인간은 모두 차마 하지 못하는 사람의 마음을 가지고 있으니, 이것이 이른바 어짊[仁]이다.

부처는 비록 오랑캐이지만 또한 사람의 한 종류일 따름인데, 어찌 홀로 이 마음이 없겠는가?

우리 유교의 이른바 측은(惻隱)은 불교의 이른바 자비이니, 모두 어짊의 작용이다. 그러나 그 이론을 세워 이야기하는 바는 같으나, 그 시행하는 방법은 서로 크게 다르다. 대개 육친은 나와 기(氣)가 같은 것이고, 사람은 나와 같은 종류의 것이며, 사물은 나와 같이 살아 있는 것이다. 그러므로 어진 마음이 베푸는 바는 육친으로부터 사람으로, 그리고 사물로, 마치 물이 흘러 첫 번째 구덩이에 찬 뒤에 두 번째, 세 번째 구덩이에 도달하는 것과 같다. 그 근본이 깊으면 그 미치는 바도 멀다. 온 하늘과 땅의 사물의 어느 것도 나의 어진 사랑[仁愛] 속에 존재하지 않는 것이 없다. 그러므로 "친한 이를 친하게 하고서 백성에게 어질게 대하며, 백성에게 어질게 하고서 사물을 사랑한다"[287]고 하니, 이것이 선비의 도(道)는 하나이고, 진실이며, 끊이지 않게 되는 이유다.

불교는 그렇지 않다. 그들은 사물에 대해서는 승냥이나 호랑이처럼 독한 것이나 모기나 등에처럼 작은 것에도 오히려 자신의 몸을 먹이려 함에 사양하지 않으며, 사람에 대해서는 배고픈 월(越)나라 사람에게는 자신의 밥을 주어 먹이려고 생각하고 추위에 떠는 진(秦)나라 사람에게는 자신의 옷을 주어 입히려고 생각하니, 이른바 보시(布施)라는 것이다. 그러나 아버지와 아들과 같은 지극히 친한 사이나 임금과 신하와 같은 지극히 공경해야 하는 사이에는 반드시 끊고 떠나려고 하니 과연 무슨 의도인가? 또한 사람이 스스로 신중을 기하는 까닭은 부모와 처자식이 있어서 이를 위해 돌아보고 돕는 것인데, 불교는 인륜을 임시로 모인 것이라고 하여 아들이 자신의 아버지를 아버지로 여기지 않고, 신하는 자신의 임금을 임금으로 여기지 않아 은혜와 의리가 쇠퇴하고 엷어졌다. 이에 지극히 친한 사이 보기를 길 가는 사람처럼 바라보고, 지극히 공경해야 될 대상을 쓸데없는 것처럼 쳐다보니, 그 근원을 먼저 잃어버린 것이다. 그러므로 사람과 사물에 미치는 것이 나무가 뿌리 없는 것처럼, 물이 근원이 없는 것처럼 쉽

287) 이 구절은 《맹자》 〈진심장구(盡心章句) 상〉에서 인용했다.

게 말라죽거나 마르니, 끝내는 사람을 이롭게 하고 사물을 구제하는 효과가 없다. 그런데 칼을 빼어 뱀을 베는 데에는 거의 소중히 여기는 마음이 없으며, 지옥에 대한 말은 극도로 참혹하니, 도리어 매우 작은 은혜를 가진 사람이 된다. 앞에서 말한 자비란 과연 어디에 있는가?

그러나 이 마음의 하늘은 끝내 어둡게 할 수 없는 것이다. 그러므로 비록 극도로 어둡고 가려져 있다고 해도 한 번 부모를 뵈면 효도하고 사랑하는 마음이 뭉게뭉게 발생하는데, 어찌 또한 돌이켜 이를 구하지 않고 말하기를 "여러 생애에 걸친 윤회 동안의 습관과 기운을 모두 제거하지 못했기 때문에 애착의 뿌리가 아직 있다"고 하니, 미혹에 집착되어 깨닫지 못함이 이보다 심한 것이 없다.

불교는 의리가 없고 이치에 맞지 않는다. 유교에서 받아들이지 않는 것은 이 때문이다.

불교의 화(禍 : 재앙)와 복(福)에 대한 변

하늘의 도리는 선한 사람에게 복을 주고 음란한 사람에게 재앙을 주며, 사람의 도리는 선한 사람에게 상을 주며 악한 자에게는 벌을 주니, 대개 사람에게는 마음가짐에 사악함과 올바름이 있고 행동에 올바름과 잘못됨이 있어서 재앙과 복이 각기 그 부류에 따라 응하는 것이기 때문이다. 《시경》에 "복을 구하되 어긋난 짓을 하지 않는다"[288]고 했으며, 공자는 "하늘에 죄를 지으면 빌 곳이 없다"[289]고 했으니, 대개 군자는 재앙과 복에 대하여 자신의 마음을 바르게 할 뿐이고 자기 몸을 닦을 뿐이지만, 복은 반드시 구하지 않더라도 스스로 이르고, 재앙은 반드시 피하려고 하지 않아도 스스로 멀어진다. 그러므로 말하기를 "군자는 종신토록의 근심은 있어도 하루아침의 걱정은 없다"[290]고 했으니 재앙이 진실로 밖으로부터 온다고 해도 순순히 이를 받아들일 뿐으로, 마치 추위와 더위가 앞을 지나가는 것처럼 나는 관여하는 바가 없는 것과 마찬가지다.

그러나 저 불교는 사람이 사악한지 정의로운지, 올바른지 그른지를 논하지 않고 이에 말하기를 "우리 부처에게 오는 자는 재앙을 면할 수 있고, 복을 얻을 수 있다"고 하니, 이것은 비록 십악(十惡)[291]이라는 커다란 죄악을 범

288) 《시경》 〈대아〉 '문왕지십(文王之什)'에 있는 구절이다.

289) 《논어》 〈팔일(八佾)〉에 있는 구절이다.

290) 《맹자》 〈이루 하〉에서 인용한 구절이다.

한 사람이라고 하더라도 부처에게 귀의하면 재앙을 면하고, 비록 도리를 아는 선비라고 하더라도 부처에게 귀의하지 않으면 재앙을 면하지 못한다는 것이다. 가령 그 말이 허황된 말이 아니라고 하더라도 모두 사사로운 마음에서 나온 것이요, 올바른 도리가 아니므로 징계하는 바가 있어야 할 것이다. 하물며 불교의 말이 일어난 뒤부터 지금까지 수천 년 사이에 부처 섬기기를 매우 독실하게 한 양(梁)나라의 무제(武帝)[292]나 당나라의 헌종(憲宗)[293]과 같은 사람도 모두 재앙을 면할 수 없었으니, 한퇴지(韓退之)[294]가 "부처 섬기기를 더욱 충실하게 할수록 연대(年代)는 더

291) 십악 : 가장 무거운 처벌을 받는 범죄 열 가지를 말하는데, 열 가지는 모반(謀反), 모대역(謀大逆), 모반(謀叛), 악역(惡逆), 부도(不道), 대불경(大不敬), 불효(不孝), 불목(不睦), 불의(不義), 내란(內亂)이다.

292) 무제(464~549) : 중국 남조(南朝) 양(梁)나라의 첫 번째 황제로, 이름은 소연(蕭衍)이다. 남조에서 가장 뛰어난 황제로 칭송받았다. 그러나 불교에 심취하여 과도하게 불교 중흥 사업을 일으켜 재정을 낭비했다. 결국 후경(侯景)의 반란군에게 사로잡힌 후 죽었다.

293) 헌종(778~820) : 당나라의 11대 황제로, 이름은 이순(李純)이다. 당나라의 중흥에 힘썼다. 불교를 독실하게 믿었으나, 환관에게 시해당해 죽었다.

294) 한퇴지 : 중국 당나라의 학자 한유(韓愈, 768~824)를 말한다. 퇴지는 그의 자다.

욱 단축되었다"[295]고 한 말이 또한 아주 적절하고 분명하지 않은가?

295) 이 구절은 당나라 헌종이 부처의 손가락뼈를 맞아들여 성대한 행사를 한 데 대해, 한유(韓愈)가 이를 비판하면서 올린 〈간영불골표(諫迎佛骨表)〉에 실려 있다.

권10

심기리편(心氣理篇)

이(理)가 마음[心]과 기(氣)를 타이름

이 편은 주로 유가(儒家)의 의리가 바른 것임을 말하여 노자(老子)와 석가(釋迦) 두 사람을 알아듣게 타일러 그들의 잘못됨을 알게 한 것이다. 이(理)라는 것은 마음이 바탕을 두는 덕(德)이요, 기(氣)가 말미암아 생기는 것이다.

아, 아름답고 훌륭한 그 이(理)는 하늘과 땅보다 먼저 있었으니, 기(氣)는 이로 말미암아 생겼으며, 마음 또한 이를 바탕으로 했다.

마음이 있고 이가 없으면 이익이 되는지 해가 되는지 하는 점만을 좇고, 기만 있고 이가 없으면 피와 살로 이루어진 몸만을 꿈틀꿈틀 움직여 짐승과 마찬가지로 될 것이니, 그중에서 다를 자가, 아! 거의 없을 것이다.

저 엉금엉금 기어가는 어린아이가 우물로 들어가는 것을 보고 불쌍히 여기는 것이 본성이니, 선비는 그 때문에 감정에서 나오는 생각이 일어나는 것을 두려워하지 않는다.

죽을 만한 가치가 있으면 죽으니, 이는 의로움을 자신의 몸보다 소중하게 생각하기 때문이다. 군자는 이 때문에 자신을 희생하여 어짊[仁]을 이룬다.

성인(聖人)이 멀어지신 천년 만의 오랜 세월 뒤에 학문이 더럽혀지고 말이 어지러워져, (노자는) 기(氣)로써 도(道)를 삼고 (석가는) 마음으로써 으뜸을 삼았다.

(노자처럼) 의롭지 않으면서 오래 산다면 거북이나 뱀과 같은 것일 뿐이며, (석가처럼) 눈을 감고 앉아만 있다면 흙이나 나무와 같은 육체일 뿐이다.

내가 너의 마음에 있으면 맑고 환하며 하늘처럼 투명하게 밝으며, 내가 너의 기(氣)를 기르면 호연지기(浩然之氣)가 생길 것이다.

옛 성인의 가르침이 있으니, 도(道)에는 두 가지 존귀함이 없다고 했다. 마음이여! 기(氣)여! 정중하게 이 가르침을 받을지어다.

권13

진법(陣法)

총술(總述)

군대를 다스리는 것은 신의(信義)로써 하고, 승리를 구하는 것은 기묘함으로써 한다. 신의는 바꿀 수 없으며 전쟁에는 고정된 법칙이 없기 때문이다. 쥘 수 있으면 쥐고 풀어놓을 수 있으면 풀어놓아 천만 가지로 변화하면 적이 능히 알 수 없을 것이다.

정진(正陣)

움직이면 기병(奇兵)[296]이 되고 정지하면 진(陣)이 된다. 진은 병사를 진열하는 것이고 전투는 움직임이 끝이 없는 것이다. 괴로운 것은 나누고 힘든 것은 균평하게 하며, 수레는 서로 앞지르지 말아야 한다. 병사들을 움직이

---

296) 기병 : 적이 예측할 수 없는 기묘한 전술을 써서 공격하는 부대를 의미한다.

지 못하게 하고 앞을 수비한 다음 뒤의 부대를 전진시킨다.

신 정도전이 살펴보건대 강무(講武)의 방법에는 두 가지가 있습니다. 금고(金鼓)[297]와 기휘(旗麾)[298]로써 나아가고 물러서고 앉고 일어나는 절차를 명확하게 하는 것은 무리의 마음을 하나로 만들기 위해서이며, 창과 검과 활과 화살로 치고 찌르고 쏘고 막는 방법을 익히는 것은 무리의 힘을 하나로 하기 위한 것입니다. 무리의 마음이 하나가 아니면 부대의 대오를 가지런하게 할 수 없고, 무리의 힘이 하나가 아니면 적을 이길 수 없습니다. 그러므로 예전의 임금은 사철의 여가마다 사냥을 통해 군사의 일을 익혔으니 진실로 하지 않을 수 없는 일입니다. 이제 강무하는 법을 보면 금고와 기휘로써 나아가 물러서고 앉고 일어나는 절차에서만 상세하고 창과 검과 활과 화살로 치고 찌르고 쏘고 막는 연습은 미치지 못하고 있으니, 이를 생략하는 것이 아니라 이를 가르치는 데 차례가 있기 때문입니다. 이후로 강무할 때가 되면 먼저 네 개의 표시를 만들어

297) 금고 : 군대에서 명령을 전달하기 위해 사용하는 징과 북을 말한다. 북을 치면 전진하고 징을 치면 후퇴했다.

298) 기휘 : 명령을 전달하기 위해 사용하던 깃발을 말한다.

금고와 기휘로써 앉고 일어서고 나아가고 물러나는 절차를 연습하고, 뒤에 다시 5진(陣)을 결성하고 바꿔서 나가고 번갈아 들어가며 창 · 검 · 활 · 화살로 치고 찌르고 쏘고 막는 방법을 익히게 하면 강무하는 방법은 거의 얻었다 할 것입니다.

장수를 논함

1. 어진 장수[賢將] : 예절과 음악을 좋아하고, 시와 글쓰기에 노력하며, 신의에 밝고 위엄과 은혜로움이 있으면 사졸들이 따르기를 좋아하여 현명하고 능력 있는 사람이 본받아 힘을 다한다.

2. 지혜로운 장수[智將] : 이해에 밝고 성패(成敗)를 살피며, 적을 만나면 기묘한 계책을 내어 때에 맞게 임기응변의 수단을 만들어낸다.

3. 용맹한 장수[勇將] : 몸소 사졸보다 앞장서서 친히 화살과 돌팔매를 무릅쓰고 적군 속을 들락거려 적의 단단함을 무너뜨리며 진(陣)을 함락시킨다.

사졸을 어루만지는 다섯 가지 은혜

1. 배고프고 추운 것을 구휼함 : 친히 스스로 살펴서 옷을 벗어주고 밥을 준다.

2. 근심과 괴로움을 덜어줌 : 그 임무를 나누어주고 그 일을 같이한다.

3. 질병을 구제함 : 친히 스스로 살펴보아 의료를 베푼다.

4. 완전치 못한 사람을 불쌍히 여김 : 늙었거나 어린 자는 귀가시키고 고아나 병이 든 자도 되돌려 보낸다.

5. 죽은 자를 슬퍼함 : 정성껏 매장하고 제사를 지내준다.

군사를 쓰는 여덟 가지

1. 물자를 모음 : 군수에 사용한다.

2. 공업을 논함 : 기계를 제조한다.

3. 병기의 제조 : 병기와 갑옷은 튼튼하고 날카롭게 하며, 기휘(旗麾)는 자세하고 선명하게 한다.

4. 병사를 뽑음 : 용감하고 비겁한 자와 지혜롭고 어리

석은 자를 골라낸다.

5. 법제와 교육 : 호령은 엄숙하고 분명하게 하며 상과 벌은 반드시 공정하게 한다.

6. 직무를 익힘 : 기휘와 금고의 절차는 명확하게 하고, 나아가고 물러서며 치고 찌르는 올바른 자세를 익힌다.

7. 형세를 앎 : 지세(地勢)의 험하고 평탄한 것, 지휘관의 재주 있거나 용렬함, 사졸의 용맹함과 비겁함, 군대 숫자의 많고 적음을 안다.

8. 시의적절한 계책 : 때에 맞추어 올바른 수단을 쓰며, 임기응변한다.

적을 헤아려 승리를 거두는 네 가지 계책

1. 적이 공격해 올지 명확하게 알지 못하면 공격해서는 안 된다.

2. 적이 축적해 온 바를 명확하게 알지 못하면 협정을 맺어서는 안 된다.

3. 적의 장수를 명확하게 알지 못하면 먼저 군대를 움직여서는 안 된다.

4. 적의 병사들을 명확하게 알지 못하면 먼저 진(陣)을

펴서는 안 된다.

열한 가지 반드시 싸워야 할 때

1. 적이 거센 바람과 혹독한 추위에 일찍 일어나서 바로 이동하는데, 얼음을 깨고 물을 건너가면 싸운다.

2. 적이 한여름의 무더위에 병사들을 노역시키는데 휴식이 없이 심하게 몰아쳐서 굶주림과 목마름이 심하면 싸운다.

3. 적이 먼 곳에서 이익을 취하기에 힘써 군대에 오랫동안 식량이 떨어져 없으면 싸운다.

4. 적의 병사들이 원망하고 분노하며 요상한 일들이 생겨 서로 의심하고 있는데, 윗사람도 아랫사람도 이를 제지하지 못하고 있으면 싸운다.

5. 적의 군수품이 이미 떨어졌는데 마침 장마 때가 되어 노략질을 하고자 해도 할 수 없게 되면 싸운다.

6. 적이 군대도 많지 않고 지형도 불리하며 사람과 말이 병들고 여윈 상태면 싸운다.

7. 적이 갈 길은 멀고 날은 저물었으며, 사졸은 피로하고 굶주렸는데도 아직 먹이지 못했다가 갑옷을 벗고 먹으

면 싸운다.

8. 적의 장수는 인정이 없고 군리(軍吏)는 경솔하여 사졸들의 마음이 안정되지 않은 상태면 싸운다.

9. 적의 3군이 자주 놀라고 군대에 원군이 없으면 싸운다.

10. 적이 진(陣)을 쳤으나 아직 안정되지 못했거나 막사 짓기를 아직 마치지 못했으면 싸운다.

11. 적이 비탈길을 행군하거나 험한 물을 건너는데 반쯤은 나오고 반쯤은 나오지 못했으면 싸운다.

여섯 가지 반드시 피해야 하는 것

1. 적의 토지가 광대하고 인구가 많을 때는 싸움을 피한다.

2. 적의 윗사람이 그 아랫사람들을 사랑하여 혜택이 널리 퍼지면 싸움을 피한다.

3. 적이 상을 주는 것이 공정하고 자세히 살핀 다음 형벌을 주며, 출발과 정지가 올바르게 행해지고 있으면 싸움을 피한다.

4. 적이 행군과 수레의 행렬을 어질고 능력 있는 사람

에게 맡겼다면 싸움을 피한다.

5. 적의 병사들이 훈련이 잘 되어 있고 병기가 정교하고 날카롭다면 싸움을 피한다.

6. 적이 이웃 나라들의 원조가 있고 대국(大國)이 와서 구원한다면 싸움을 피한다.

공격하고 수비하는 세 가지 방법

1. 정도(正道) : 평탄한 길로서 수레와 사람이 서로 교차하여 나가고 들어올 수 있는 곳에서 아군은 공격하고 적군은 수비하는 것을 정도라고 한다.

2. 기도(奇道) : 다수의 군대는 적의 남쪽을 공격하고 정예병은 적의 북쪽으로부터 나오며, 다수의 군대는 적의 서쪽을 공격하고 정예병은 적의 동쪽으로부터 나오는 것을 기도라고 한다.

3. 복도(伏道) : 큰 산의 언덕과 골짜기 사이에 길이 빙돌아 있고 수레가 들어갈 수 없으면 그 사이에 군대를 은밀히 배치하되 깃발도 말아 가지고 있고 북도 치지 않고 있다가 갑자기 평지로 나와 적의 심장부를 찌르는 것을 복도라고 한다.

해설

《삼봉집(三峯集)》은 고려 말, 조선 초의 학자이자 정치가인 삼봉 정도전의 글을 모아 편찬한 것이다. 《삼봉집》은 몇 차례 간행되었다. 최초의 간행은 정도전이 살아 있을 때인 1397년(태조 6)에 이루어졌는데, 아들 정진(鄭津)이 정도전이 가지고 있던 원고만을 모아 성석린(成石璘)·권근(權近)의 도움을 받아 두 권의 《삼봉집》으로 간행했다. 권근이 서문을 썼다. 하지만 이 문집은 지금은 전해지지 않는다. 이후 증손자 정문형(鄭文炯)이 경상도관찰사로 있을 때, 기존의 《삼봉집》에다 〈경제문감(經濟文鑑)〉·〈조선경국전(朝鮮經國典)〉·〈불씨잡변(佛氏雜辨)〉 등을 더하여 1464년(세조 10) 안동부(安東府)에서 목판본으로 중간했다. 중간본의 서문은 신숙주(申叔舟)가 썼다. 이어 1467년 정문형이 강원도관찰사로 있을 때 〈경제문감별집〉 등을 추가했으며, 1791년(정조 15) 국왕의 명령에 의해 규장각에서 다시 편집하고 교정을 보아 대구(大邱)에서 간행했다. 모두 14권 7책이다.

《삼봉집》은 정도전이 평생에 걸쳐 쓴 글들을 모아 편찬한 것으로, 다양한 형식과 내용의 글들로 이루어져 있다. 권1과 2는 부(賦), 오언 및 칠언고시(七言古詩), 육언 및 칠언절구(七言絶句), 율시(律詩), 사(詞), 악장(樂章) 등 지금의 형식으로 보아 시(詩)에 해당되는 글들을 모아놓았다. 권3은 소(疏), 전(箋), 서(書), 계(啓), 서(序), 권4는 기(記), 설(說), 제발(題跋), 전(傳), 행장(行狀), 묘표(墓表), 제문(祭文), 책제(策題), 명(銘), 찬(贊)으로, 문장 형식의 글들이다.

내용상으로 보았을 때 악장과 같이 조선왕조의 창업을 칭송하는 글도 있으나, 당시 사회의 실상과 그에 대한 통찰이 엿보이는 글이 많다. 특히 정도전이 유배에 처해졌던 불우한 시기에 지어진 시문들은 고려 말의 사회 상황과 이에 따라 파생된 당시 사회문제를 엿볼 수 있게 하고 있으며, 이에 대한 정도전의 사회의식도 녹아들어 있다. 이러한 점은 당대의 어떤 학자나 관료들도 따라올 수 없었던 점이며, 정도전이 새로운 국가체제를 구상하게 한 힘이 되었을 것이다.

권5와 6은 〈경제문감〉, 권7과 8은 〈조선경국전〉, 권9는 〈불씨잡변〉, 권10은 〈심기리편(心氣理篇)〉, 권11과 12는 〈경제문감별집〉, 권13은 진법(陣法)과 습유(拾遺)이며 권14는 부록이다.

〈경제문감〉, 〈경제문감별집〉과 〈조선경국전〉은 정도전이 이상적으로 생각하는 정치 이념, 정치체제에 대한 글들이다. 〈경제문감〉과 〈경제문감별집〉은 임금과 신하가 어떠한 존재이며, 임금과 신하의 관계가 어떠해야 되는지, 어떠한 통치가 이상적인 통치인지에 대한 내용을 담고 있다. 그리고 이를 중국과 우리나라의 역사에서 예시하고 있다. 〈조선경국전〉은 그러한 통치 이념이 실현되는 통치체제를 구체화한 글들로, 실제 조선 초기 법전에 많은 영향을 주었다.

〈불씨잡변〉과 〈심기리편〉은 이상적인 정치를 실현하기 위한 전제 조건으로서의 이념 기반에 대한 글들이다. 불교 및 도교 철학에 대한 비판과 성리학적 이념에 대한 설명이 중심 내용이다. 진법은 군사훈련에 관한 내용이다.

이상과 같은 내용의 《삼봉집》은 단순히 정도전 개인의 글로 그치는 것이 아니다. 그는 고려 말, 조선 초라는 격변의 시기를 살았고, 또한 그 시대의 역사를 만들어간 사람이다. 조선왕조의 국가체제의 틀을 제시한 사람이다. 그가 구상한 국가체제는 단순히 관념의 산물로서 만들어진 것이 아니라 당시의 역사적 상황과 조건 속에서 제시된 것이었다. 그러므로 정도전 개인이나 그가 살았던 한 시대를 이해하기 위해서만이 아니라, 조선이라는 나라의 건국과 그 의미를 이해하기 위해서 반드시 읽어보아야 할 글이라고 할 수 있다.

지은이에 대해

조선(朝鮮)이라는 나라를 세우는 데 누가 가장 많이 기여했는가를 이야기한다면 여러 사람을 들 수 있다. 하지만 조선이라는 나라의 국가체제의 기틀을 만드는 데 기여한 사람 한 명만을 꼽으라면 정도전(鄭道傳)을 말할 수 있을 것이다.

정도전은 세계 제국을 건설했던 몽골의 원(元)나라가 고려를 지배하던 1342년(충혜왕 후3)[299]에 태어났다. 아버지는 당시 양심적인 관리로 인정받던 정운경(鄭云敬)이었으며, 어머니는 우연(禹延)의 딸이었다.

아버지 쪽은 대대로 경상도 봉화(奉化)의 향리 집안이었다. 당시 봉화는 안동부(安東府)의 속현이었고, 따라서 가세는 매우 약했다고 할 수 있다. 이 집안에서 최초로 실직(實職)의 관리에 오른 인물이 정도전의 아버지 정운경이다. 정운경은 충숙왕 때 진사(進士)에 급제하여 3품 형부상서(刑部尙書)까지 올랐다. 가문의 배경이 없었다는

---

299) 1337년에 태어났다는 설도 있다.

점을 고려할 때, 그가 형부상서까지 오른 것은 순전히 그의 능력과 도덕성 때문이었던 것으로 보인다. 어머니 우씨는 혈통에 하자가 있다는 소문이 끊임없이 제기되었고, 이 점은 죽어서까지 정도전을 괴롭히는 약점이 되었다. 정도전의 호 삼봉(三峯)은 어머니의 고향인 단양(丹陽)의 도담삼봉(嶋潭三峰)에서 유래했다고 한다.

정도전은 아버지가 이곡(李穀)과 친했기 때문에, 15세에 이곡의 아들 이색(李穡)의 문하에 들어가 공부하게 되었다. 이색의 문하에 들어가게 됨으로써, 이제현(李齊賢)으로부터 이곡, 이색으로 이어지는 고려 말 당시 최고 수준의 성리학 학통을 전수받을 수 있었다. 또한 정몽주(鄭夢周), 박의중(朴宜中), 윤소종(尹紹宗), 이존오(李存吾), 이숭인(李崇仁) 등 이후 고려 사회를 이끌어가는 중요 인물들과 친교를 맺을 수 있었다.

1360년(공민왕 9) 성균시(成均試)에 합격했고, 1362년 문과에 진사로 급제해, 다음 해 충주사록(忠州司錄)으로 관직 생활을 시작했다. 그러나 1366년 아버지와 어머니가 거푸 돌아가자, 영주(榮州)로 내려가 삼년상을 지냈다. 1370년(공민왕 19) 성균관이 다시 만들어지고 이색이 대사성(大司成)이 되자 성균박사(成均博士)에 기용되었다.

공민왕이 죽고 우왕이 즉위하자, 권력을 잡은 이인임

(李仁任) 등은 친원 정책을 추진했다. 이에 정도전은 앞장서서 반대했고, 결국 전라도 나주의 회진현(會津縣) 거평부곡(居平部曲)으로 유배되었다. 여기서 농민의 생활상과 지방의 열악한 실정을 직접 체험하고 많은 것을 생각했던 것 같다. 이때 보고 듣고 느낀 점 등을 적은 글로 〈나주(羅州)의 동쪽 누각에 올라 노인들에게 드리는 글〉, 〈소재동기(消災洞記)〉, 〈가난〉 등이 있다.

유배에서 풀려난 정도전은 영주로 갔다가 지금의 서울 삼각산 밑에 초가집을 짓고 제자들을 가르쳤다. 하지만 이곳 출신 재상이 제자들을 가르치던 집을 허물어버렸다. 다시 부평(富平)으로 갔으나 그곳의 집마저 다른 재상이 허물어버렸다.

1383년(우왕 9) 정도전은 함주(咸州)로 이성계(李成桂)를 찾아갔다. 당시 이성계는 왜구들과의 전투에서 연전연승하면서 떠오르는 장군이었으나, 고려 중앙정부와는 특별한 연고가 없는 인물이었다. 정도전이 이성계를 선택해 찾아간 것은 고려라는 나라를 어떻게 해야 될지에 대한 나름대로의 생각이 정리되었기 때문이었을 것이다. 9년 뒤 역성혁명(易姓革命)이 일어난 것은 우연이 아니었다.

1388년(우왕 14) 위화도 회군으로 이성계가 권력을 잡자 정도전은 밀직부사(密直副使)에 임명되었다. 이후 조준(趙浚) · 윤소종 등과 함께 토지제도 개혁을 추진했다. 농업 생산을 기반으로 하고 있던 당시에 이는 가장 중요한 사회적 문제였으며, 첨예한 이해관계가 걸린 문제였다. 고려는 정치 · 사회적으로 격변의 소용돌이 속으로 빠져들어 갔다. 창왕이 옹립되었다가 신돈(辛旽)의 아들이라는 이유로 곧 폐위되고 공양왕이 옹립되었다. 정도전은 공양왕 옹립에 대한 공으로 봉화현충의군(奉化縣忠義君)에 봉해지고 공신 칭호를 받았다.

이러한 정치적 격변, 토지제도의 개혁은 결국 고려의 사회문제를 어떻게 해결할 것인가라는 문제를 넘어, 새로운 왕조를 건립할 것인가 아니면 고려 국가를 유지할 것인가의 문제가 되었다. 이를 둘러싼 대립 세력 간의 공격이 계속되었으며, 1391년(공양왕 3) 정도전은 탄핵당해 유배되었다. 다음 해 유배에서 풀려났으나, 출신 문제 등으로 다시 탄핵당해 체포되었다. 하지만 이방원(李芳遠)이 정몽주를 살해함으로써 이성계 일파가 권력을 잡게 되고 정도전도 풀려났다.

조선왕조가 개국되자 정도전은 개국 일등 공신에 책봉되었고, 문하시랑찬성사(門下侍郎贊成事) 등의 요직을 맡았다. 조준 · 남은(南誾) 등과 더불어 조선왕조의 국정을 총괄하는 위치에 올랐으며, 동시에 〈강무도(講武圖)〉·〈진도(陣圖)〉의 제작, 〈조선경국전(朝鮮經國典)〉·〈심기리편(心氣理篇)〉·〈경제문감(經濟文鑑)〉의 저술을 통해 조선왕조의 국정 이념과 국가체제의 틀을 제시했다. 이를 통해 그가 이상적으로 생각하던 국가의 모습으로 조선왕조를 개혁하려 했다.

1396년(태조 5) 조선과 명나라의 관계가 악화되었다. 표면상 명나라에 보낸 문서의 내용과 형식이 문제였지만, 명나라가 주도하는 국제 질서 속에서 명과 조선의 관계 설정 문제가 내재해 있었다. 정도전은 명나라에 의해 이러한 사태를 불러일으킨 주범으로 인식되었다. 결국 그는 병을 이유로 현직에서 물러났고, 요동 정벌 계획을 더욱 구체화하고 이를 태조에게 건의했다.

다음 해 정도전은 정계에 복귀하여 동북면 일대의 성곽을 순찰하고 지방 제도를 정비했다. 하지만 1398년(태조 7) 제1차 왕자의 난의 와중에 이방원 일파에게 살해당했다.

옮긴이에 대해

박진훈은 서울에서 출생해 연세대학교 사학과를 졸업했으며, 〈여말 선초 노비정책 연구〉로 박사학위를 받았다. 연세대, 국민대, 한국외대, 가톨릭대 등에서 강의했으며, 국민대 한국학연구소의 전임연구원을 지냈다. 현재 명지대 사학과 교수로 재직 중이며, 한국중세사, 한국사회경제사 등의 과목을 담당하고 있다. 신분과 토지, 장례, 범죄와 감옥 등 한국 중세의 사회경제사와 생활사, 법제사 등에 관심을 갖고 공부하고 있다.

원서발췌 삼봉집

지은이 정도전
옮긴이 박진훈
펴낸이 박영률

초판 1쇄 펴낸날 2011년 11월 30일
개정1판 1쇄 펴낸날 2025년 8월 20일

커뮤니케이션북스(주)
출판등록 제313-2007-000166호(2007년 8월 17일)
02880 서울시 성북구 성북로 5-11
전화 (02) 7474 001, 팩스 (02) 736 5047
commbooks@commbooks.com
www.commbooks.com

지만지한국문학은
커뮤니케이션북스(주)의 한국 문학 출판 브랜드입니다.

ISBN 979-11-430-0955-5 03810

책값은 뒤표지에 있습니다.